"十四五"职业教育国家规划教材　　中等职业教育农业类专业教材

中药材种植技术

闫书贵　仲青山　何仁华　主　编

中国轻工业出版社

图书在版编目（CIP）数据

中药材种植技术/闫书贵，仲青山，何仁华主编. —北京：中国轻工业出版社，2025.9

ISBN 978-7-5184-3570-8

Ⅰ.①中… Ⅱ.①闫…②仲…③何… Ⅲ.①药用植物—栽培技术 Ⅳ.①S567

中国版本图书馆CIP数据核字（2021）第129550号

责任编辑：贾　磊　　责任终审：劳国强　　整体设计：锋尚设计
策划编辑：贾　磊　　责任校对：朱燕春　　责任监印：张　可

出版发行：中国轻工业出版社（北京鲁谷东街5号，邮编：100040）

印　　刷：三河市国英印务有限公司

经　　销：各地新华书店

版　　次：2025年9月第1版第5次印刷

开　　本：787×1092　1/16　印张：8.5

字　　数：130千字

书　　号：ISBN 978-7-5184-3570-8　定价：28.00元

邮购电话：010-85119873

发行电话：010-85119832　010-85119912

网　　址：http://www.chlip.com.cn

Email：club@chlip.com.cn

版权所有　侵权必究

如发现图书残缺请与我社邮购联系调换

251512J3C105ZBW

本书编写人员

主　编　闫书贵　仲青山　何仁华
副主编　王　荣　韩雪花　郑勇凤
　　　　王成兵　陈文远　王华南
　　　　吴　强
参　编　冉萍蓉　淳　于　淳婧华
　　　　伏丽蓉　申　凤　何小曼
　　　　邹小燕　赵丽萍　赵　涛
　　　　邱傲竹　龚　霞　赵　红
　　　　卢吕义　杨　敏　邓　通
　　　　何淑才　冯　文　屈渤川
　　　　龙开安　刘建文　熊志斌
　　　　唐维贵　刘　政　刘江河
　　　　袁　媛　淳文丰　曹梦林

前 言

中药材作为中医预防治疗疾病所使用的独特药物，是中医学的重要组成部分，也是中华民族几千年同疾病斗争的伟大成就。我国是中药材的发源地，约有药用植物12000种，各地使用的有5000多种，已栽培的有200多种。

四川省苍溪县地处四川盆地北部山区，位于大巴山南麓、长江上游嘉陵江中段，地形复杂多样，属亚热带湿润性季风气候区。独特的地形和气候条件，使其非常适合中草药生长，从明代开始苍溪便种植沙参等道地中药材。明代洪武年间，皇帝敕令沙参为"明参"，视为明代佳品，又因苍溪县隶属四川，故名"苍溪川明参"。改革开放以来，川明参、丹参、瓜蒌、白及、天麻、银杏等药材在苍溪广为种植，并创造了川明参、白及、丹参等苍溪特产。近年来，苍溪县将中药材产业列为"三大百亿产业"之一，在全县大力发展中药材种植，极大地激发了药农的种植热情，中药材产业得到快速发展。2019年全县中药材种植面积达12.5万亩，从业人员3万多人，产值20多亿。

《国家职业教育改革实施方案》《职业教育提质培优行动计划（2020—2023年）》的出台及《中华人民共和国职业教育法》的修订，明确了职业教育的重要地位和根本职能。为培养"留得住、用得上"的中药材技术技能人才，服务中药材产业高质量发展，四川省苍溪县职业高级中学在现代农艺技术专业开设了"中药材种植技术"特色拓展课程，并组织专业课教师与苍溪县农业农村局、成都农业科技职业学院专家共同编写了本教材。本教材围绕教学进行综合改革，强化教材建设和管理，旨在推动中药材种植技术人才培养高质量发展。

本教材以情境为基础，将中药材种植分为根与根茎类、果实种仁类、植物全草类、叶类、花类五大情境，以生产任务为驱动，采用围绕川明参、丹参、白及、银杏、藿香、天麻、桔梗、当归、叶用枸杞、芍药、八月瓜、金银花、前胡、半夏、重楼、黄精、瓜蒌等中药材，重点介绍了这些中药材的形态特征识别与生长环境选择、繁殖与栽培方法、病虫害防治等关键技术和生产任务。

本教材配套建设了丰富的微课视频，学生可以使用移动终端设备扫描教材正文中的二维码进行在线学习。此外，本教材还制作了配套的教学课件和电子教材，方便教师教学和学生随时学习相关课程，可使用移动终端设备扫描下方的二维码进行学习。

本教材通俗易懂、简洁实用，除可作为中等职业教育农业类专业教材外，也可作为广大药农的技术指导用书。

由于编者水平有限，书中错漏之处难免，恳请专家、读者指正，以便进一步完善。

编者

目 录

情境一　根与根茎类药材种植 1

　　任务一　川明参 1

　　任务二　丹参 7

　　任务三　白及 14

　　任务四　天麻 19

　　任务五　桔梗 25

　　任务六　当归 31

　　任务七　芍药 37

　　任务八　重楼 43

　　任务九　黄精 51

　　任务十　前胡 56

　　任务十一　半夏 61

情境二　果实种仁类药材种植 68

　　任务一　瓜蒌 68

　　任务二　银杏 75

　　任务三　八月瓜 82

情境三　植物全草类药材种植 89

　　任务　藿香 89

情境四　叶类药材种植 97

　　任务一　叶用枸杞 97

　　任务二　淫羊藿 103

情境五　花类药材种植 112

　　任务一　金银花 112

　　任务二　丁香 119

参考文献 124

情境一 根与根茎类药材种植

情境目标

1. 了解根与根茎类中药材的不同种类及品种特性、生长环境、地理分布等。
2. 掌握根与根茎类中药材的药用功效及繁殖方法。
3. 掌握根与根茎类中药材的栽培管理技术。
4. 培养追求卓越、精益求精进行道地中草药种植的工匠精神和天人相应、对立统一、破立有度的思想;掌握本领域的新动态、新技术、新方法,并能将其应用于实践;树立热爱农业、热爱家乡、热爱专业的情怀和服务"三农"的责任感,树立振兴中药材产业的志向。

任务一 川明参

任务目标

知识目标

(1) 了解川明参形态特征、生长环境和地理分布。
(2) 掌握川明参的繁殖方法。
(3) 掌握川明参栽培管理技术及病虫防治措施。

能力目标

（1）能认识川明参主要品种及药用特性。
（2）能科学繁殖和栽培管理川明参。

任务准备

扫码看视频

（一）知识要点

川明参别称明参、明沙参、土明参、沙参，属多年生草本植物，高可达150厘米。根颈细长，富淀粉质，味甜。以块根食用或入药，内含18种氨基酸、多种矿物质、维生素和微量元素，是集医疗、食疗为一体的古之贡品。川明参食用可养胃润肠、清肺益肾、益肝明目、补血益气。药用可用于肺热燥咳、阴虚劳咳、干咳痰黏、气阴不足、烦热口干等。

1. 形态特征

川明参为多年生草本植物，植株高30～150厘米。茎直立，圆柱形，径0.25～0.5厘米，多分枝，有纵长细条纹轻微突起，上部粉绿色，基部带紫红色。

基生叶多数呈莲座状，具长柄，叶柄长6～18厘米，基部有宽阔叶鞘抱茎，叶鞘带紫色，边缘膜质；叶片轮廓呈阔三角状卵形，长6～20厘米，宽4～14厘米，三出式二至三回羽状分裂，一回羽片3～4对，下部羽片具长柄，向上柄渐短至无柄，长卵形，二回羽片1～2对，羽片短柄或无柄，卵形，末回裂片卵形或长卵形，先端渐尖，基部楔形或圆形，不规则的2～3裂或呈锯齿状分裂，长2～3厘米，宽0.6～2厘米，上表面绿色，下表面粉绿色，光滑无毛；茎上部叶很少，具长柄，二回羽状分裂，叶片小；顶端叶更小，无柄，叶片3裂，裂片线形，细小。

复伞形花序多分枝，花序梗粗壮，伞形花序直径3～10厘米，无总苞片或仅有1～2片，线形，薄膜质，伞幅4～8根，不等长，长0.5～8厘米；小总苞片无或有1～3片，线形，长约0.4厘米，宽约0.03厘米，膜质；花瓣长椭圆形，小舌片细长内曲，暗紫红色、浅紫色或白色，中脉显著；萼齿显著，狭长三角形或线形，花柱长，为花柱基的2～2.5倍，向下弯曲。

分生果卵形或长卵形，长0.5～0.7厘米，宽0.2～0.4厘米，暗褐色，背腹扁压，背棱和中棱线形突起，侧棱稍宽并增厚；棱槽内有油管2～3条，合生面油管4～6条；胚乳腹面平直。花期4～5月，果期5～6月。根颈细长，埋于土中；根圆柱形，长7～30厘米，径0.6～1.5厘米，通常不分枝，顶部稍细，有横向环纹突起，稍粗糙，其余表面细致平坦，黄白色至黄棕色，断面白色，富淀粉质，味甜（图1-1）。

图1-1 川明参

2. 生长环境

野生川明参生长于山坡草丛中或沟边、林缘路旁。喜凉爽、湿润气候、较能耐寒，不耐高温。人工种植宜在土层深厚、疏松肥沃、排水良好的沙质壤土或壤土栽种，切忌在黏重、汗湿和含砾石多的土壤栽培。

3. 地理分布

川明参分布于我国四川、湖北等地，以苍溪县、金堂县和成都市青白江区一带所产之川明参药材质量最佳。川明参多为栽培植物，四川平武县、北川羌族自治县、重庆市南川区以及湖北宜昌市等地有野生资源。

4. 繁殖方法

川明参用种子繁殖，育苗移栽。可选择土壤肥沃、杂草少，干燥、排水良好的育苗地，亩施腐熟农家肥1500~2000千克（1亩约为667m^2），复合肥20~25千克，均匀撒施翻挖于土壤中，深挖整细，2米开厢，理顺排水沟，亩用种7~10千克，采用撒播或条播，条播行距23~27厘米，其他要求同撒播。在7月将拌砂的种子撒入畦面，覆盖薄细土，上面用秸秆或树梢覆盖，防雨后板结。次年8月移栽，选择土壤深厚，排水良好的地块，每亩施足底肥腐熟农家肥2000~2500千克，复合肥25~30千克，深挖25~30厘米，横沟深50~60厘米，株行距（20~25）厘米×（6~8）厘米。每六行开一小厢，以方便管理，排栽后，用秸秆或树梢盖严厢面。

5. 栽培技术

（1）净作轮作

① 净作：要求间隔种植川明参两年以上地块。

② 分带轮作：采取川明参→小麦→玉米模式种植，具体做法：利用双2米或双1.7米预留地，分别于上年7月下旬至8月中旬移栽川明参和10月下旬至11月上旬种植小麦于预留带内，翌年3月下旬至4月上旬川明参收挖后及时移栽玉米，玉米收获后在10月下旬至11月上旬种植小麦；上年在另一带种植的小麦于翌年5月中旬左右收获后，可种短季节蔬菜或将麦秆覆盖于厢面上，待7月下旬至8月上中旬移栽川明参，如此轮作。

（2）选地整地

① 选择土壤：选择背风向阳，土层深厚，排水良好，两年未种过川明参、豆科作物的沙壤土。

② 整地作厢：每亩施腐熟农家肥1500~2000千克、硫酸钾型的川明参专用肥50千克作基肥，深翻土壤。净作地按130~140厘米作厢，套作按预留行宽度做厢。要求厢沟深30~40厘米，厢面垒成瓦背形。每间隔两个行带开深沟，要求主沟深50~60厘米，同时做到三沟配套。

（3）壮苗移栽

① 栽种时间：8月1日至25日，即立秋前后1个月。

②选择壮苗：直径0.3~0.5厘米，芽苞新鲜、无黑头。

③合理密植：行距25~30厘米、株距5~7厘米，每亩保证净作密度3万株，套作密度1.5万株以上。

④种苗处理：用70%托布津800~1000倍浸种根。

⑤栽种方法：一是开沟深度与种根长度相适应，芽头向上，使根系舒展伸直；二是将开第二排种沟的土盖在第一排的种根芽头上，覆细土3~4厘米。

⑥覆盖：栽种后，立即用前茬收获的玉米秸秆覆盖厢面，以盖严土壤为度，待白露后川明参陆续出苗，然后陆续揭除覆盖物。

（4）田间管理

①除草：出苗后若有杂草应及时人工除草、化学除草［在川明参长出两片真叶时，亩用精喹禾灵一袋（20毫升）兑水15千克喷雾］。

②追肥：第一次在苗高7~10厘米时，亩用清淡粪水40~50担（1担=50千克）加尿素2.5~4.5千克追施；第二次追肥在次年立春前后，亩用硫酸钾型复合肥15~25千克视苗情追灌。

③割苔：除留种田外，当花苔刚抽出时，及时将花苔割去。

6. 病虫防治

川明参苗期主要病虫害有根腐病、菌核病、蚂蚁、蚜虫、黄凤蝶和蟋蟀等，根腐病晚春多雨及气温较高时发生，病穴用石灰粉消毒，发病初期，可用百泰（杀菌剂）1000~1500倍或噁霉灵可湿性粉剂3000倍或50%托布津800~1000倍液浇注。菌核病发病初期可撒1∶2混合的草木灰、熟石灰，或用50%多菌灵500~1000倍液浇灌。黄凤蝶幼虫咬食叶片，幼龄期喷敌百虫800倍液或百泰300倍液毒杀，或人工捕杀，可亩用吡虫啉2000倍加70%托布津50克兑水喷雾，兼防根腐病等。

（二）工具与材料

（1）川明参种子。

（2）育苗用苗床、地膜等。

（3）栽培中使用的锄头、铁锹、农家肥、水及水桶、秸秆、喷雾器等。

训练任务

（一）任务安排

分组，以学习小组进行整理苗床、育苗、移栽、肥水管理及病虫防治等。在实践操作过程中，组内讨论，组间交流，老师总结与评比。

（二）任务要求

（1）平整苗床、育苗　提前熟悉相关知识。
（2）栽培管理　主要是掌握繁殖方法、移栽、肥水管理、病虫防治等。
（3）采收及初加工　重点把握采收时节和初加工方法。

思考与练习

（1）川明参的形态特征及药用功效有哪些？
（2）川明参如何进行繁殖？
（3）川明参丰产栽培管理措施主要有哪些？
（4）川明参主要有哪些病虫害？如何防治？
（5）川明参采收期为何时？
（6）川明参初加工方法有哪些？

考核评价

川明参学习和实操任务考核评价内容和评分标准见表1-1（以小组为单位考核）。

表1-1　川明参学习和实操任务考核评价表

考核项目	内容	分值	得分
技能操作（50分）	了解当地川明参产业现状及意义	10	
	掌握川明参的繁殖方法和丰产栽培管理措施，以及病虫防治、采收和初加工	40	
学习成效（25分）	拓展作业	5	
	实习小结	5	
	物候期实习记录表	5	
	实习总结	5	
	小组总结	5	
思想素质（25分）	安全规范生产	5	
	纪律出勤	5	
	情感态度	5	
	团结协作	5	
	创新思维（主动发现问题、解决问题）	5	
合计		100	
评价人员签字	1. 任课教师：　　　　　2. 实习指导教师： 3. 专业带头人：　　　　4. 园区（企业或行业）技术员：		

备注：严禁采摘损坏园区财物及产品，如有损毁，视情节和态度扣除个人成绩20～40分，小组成员同时扣除安全生产及团结协作成绩，情节严重的将按照相关处理办法进行违纪处理。

任务二　丹参

📋 任务目标

知识目标

（1）了解丹参形态特征、生长环境和地理分布。

（2）掌握丹参的繁殖方法。

（3）掌握丹参栽培管理技术及病虫防治。

能力目标

（1）能认识丹参品种特性及药用功效。

（2）能科学繁殖和丰产栽培管理丹参。

任务准备

扫码看视频

（一）知识要点

丹参别称紫丹参、红根、血参根，双子叶植物唇形科鼠尾草，属多年生直立草本植物，根肥厚，外皮朱红色，内肉质白色，气微，味微苦。生用或酒炙用，主含二萜菲醌类和酚酸类成分。据《神农本草经》记载："主心腹邪气，肠鸣幽幽如走水，寒热积聚，破症除瘕，止烦满，益气。"丹参药用于胸痹心痛，能除腹胁痛癥瘕积聚，也能除热痹疼痛，痛经经闭，疮疡肿痛。

1. 形态特征

丹参为多年生直立草本植物。根肥厚，外皮朱红色，内肉质白色，长5～15厘米，直径0.4～1.4厘米，疏生支根。茎直立，高40～80厘米，四棱形，具槽，密被长柔毛，多分枝。

叶常为奇数羽状复叶，叶柄长1.3～7.5厘米，密被向下长柔毛，小叶3～5片，长1.5～8厘米，宽1～4厘米，卵圆形或椭圆状卵圆形或宽披针形，先端锐尖或渐尖，基部圆形或偏斜，边缘具圆齿，草质，两面被疏柔毛，下面较密，小叶柄长0.2～1.4厘米，与叶轴密被长柔毛。

轮伞花序6花或多花，下部花疏离，上部花密集，组成长4.5～17厘米具长梗的顶生或腋生总状花序；苞片披针形，先端渐尖，基部楔形，花梗长0.3～0.4厘米，花序轴密被长柔毛或具腺长柔毛。花萼钟形，带紫色，长约1.1厘米。花冠紫蓝色，长2～2.7厘米，外被具腺短柔毛，内面离冠筒基部0.2～0.3厘米有斜生不完全小疏柔毛毛环，冠筒外伸，比冠檐短，基部宽0.2厘米，向上渐宽，至喉部宽达0.8厘米。能育雄蕊，伸至上唇片，花丝长0.35～0.4厘米，药隔长1.7～2厘米，中部关节处略被小疏柔毛，上臂十分伸长，长1.4～1.7厘米，下臂短而增粗，药室不育，顶端联合。退化雄蕊线形，长约0.4厘米。花柱远外伸，长达4

厘米，先端不相等2裂，后裂片极短，前裂片线形。花盘前方稍膨大。小坚果黑色，椭圆形，长约3.2厘米，直径0.15厘米。花期4~8月，花后见果（图1-2）。

图1-2 丹参

2. 生长环境

丹参喜气候温和，光照充足，空气湿润，土壤肥沃的环境。生育期若光照不足，气温较低，则幼苗生长慢，植株发育不良，在年平均气温为17.1℃，平均相对湿度为77%的条件下，生长发育良好，适宜在肥沃的沙质壤土上生长，对土壤酸碱度要求不高，中性、微酸及微碱性土壤均可种植。

3. 地理分布

丹参分布于我国四川、河北、山西、陕西、山东、河南、江苏、浙江、安徽、江西及湖南等地。野生丹参主要产于华北和华东地区，以山东产者为最佳。人工栽培品以四川产者质量好、产量大。丹参主要生于山坡、林下草丛或溪谷旁。

4. 繁殖方法

（1）分根繁殖　作种栽培的丹参一般都留在地里，栽种时随挖随栽。选择茎部直径0.5厘米左右，粗壮色红，无病虫害的一年生侧根于2~3月栽种，也可以11月收获时选种栽植。按行距30~45厘米和株距25~30厘米穴栽，穴深3~7厘米，每穴栽1~2段。每亩施猪粪尿1500~2000千克。栽时将选好的根条折成

4~6厘米的根段，边折边栽。根条直立，每穴栽1~2段。栽后随即覆土，一般覆土厚度为1.5厘米左右。生产实践证明，用根的头尾作种栽培出苗早，用中段作种栽培出苗迟，因此要分别栽种，以便于田间管理。木质化的老根作种栽培，则萌发力差，产量低，不宜采用。分根繁殖要注意防冻，可盖稻草保暖。

（2）扦插繁殖 南方于4~5月进行扦插繁殖，北方于7~8月进行。取丹参地上茎，剪成10~15厘米的小段，剪除下部叶片1/2，随剪随插。在已做好的畦上，按行距20厘米，株距10厘米开浅沟，然后将插条顺沟斜插，插条埋入土中6厘米。扦插后要浇水并遮阴。待再生根长至3厘米左右时，即可移植于大田。也可以将带根的枝条直接栽种，注意浇水，也能成活。

（3）种子繁殖

① 育苗后移植：移栽时间为2~3月，最迟不超过3月25日。移栽时选壮苗去弱苗或弱苗壮苗搭配。移栽前要提前一个月进行种植地块都深翻培肥，深度大于30厘米。覆土厚度以盖住种苗为宜，播后盖草保湿，8月中旬移植于大田。

② 直播：南方在11月中下旬播种，北方地区于4月中旬播种，可采用条播或穴播。穴播行株距同分根繁殖，每穴播种子5~10粒。条播保持沟深1厘米左右，覆土0.6~1厘米，亩播种量0.5千克左右，如遇干旱，则播种前应先浇透水再播种。播种后覆土0.3厘米，播后浇水，加盖塑料薄膜，保持土壤湿润，15天左右出苗，苗高6厘米时进行间苗定苗。

5. 栽培技术

（1）选地培肥 选择土壤深厚、光照足、无积水的沙壤土为宜，前茬种植甘薯、玉米及花生等作物的地块，前茬收获后进行整地，清理好四周的杂质，疏通排灌渠系，亩施750~1000千克腐熟农家肥加150千克左右的菜枯，翻地的深度在30厘米左右。

（2）开厢起垄 厢的宽度100厘米，起垄的高度35厘米，垄面土壤耙细整平做成瓦背形。垄做好后盖上黑地膜，7天后才能播种，切记不能过早播种。

（3）撬窝播种 播种时间在当年12月至翌年2月份，呈"丁"字形开窝，每垄也是双行错窝，行距20~25厘米，株距18~20厘米，窝深5~6厘米，每亩种植密度在5500~6000窝。播种时要将种苗放在窝的中心，种子距离土面的距离1厘米左右为宜。丹参种苗段不能倒插，倒插不会发芽。下种后一般要半个小时后盖土，过早盖土丹参段不会发芽而且还会霉烂，给地块带来病害。

（4）田间管理

① 中耕除草：一般在幼苗开始出土时，进行检查，发现土壤板结或覆土较厚而影响出苗时，要及时将覆土扒开，促使出苗。生育期中耕除草3次，第1次于5月，当苗高10~12厘米时进行，第2次于6月进行，第3次于8月进行。

② 施肥：生育期结合中耕除草，追肥2~3次，每亩用腐熟粪肥1000~2000千克、过磷酸钙10~15千克或饼肥25~50千克。

③ 排灌：雨季注意排水。出苗期及幼苗期如土壤干旱，要及时灌水或浇水。

④ 摘蕾：除留做种子的植株外，必须分次摘除花蕾，以利根部生长。

（5）采收加工　丹参生长次年即可采集药材。采收时间为12月中旬地上部枯萎或翌年春萌发前采挖。先将地上茎叶除去，在畦一端开一深沟使参根露出。顺畦向前挖出完整的根条，防止挖断。挖出后，剪去残茎。如需条丹参，可将直径0.8厘米以上的根条在母根处切下，顺条理齐，晾晒，不时翻动，七八成干时，扎成小把，再晾晒至干，装箱即成"条丹参"。

6. 病虫防治

丹参病虫害主要有丹参根腐病（又称烂根病）、根结线虫病（又称肿瘤病）、丹参缺铁病、蚜虫、夜蛾等。

（1）农业防治　选用无病健壮的种根，合理轮作，选择地势高，通风好，土壤疏松的地块种植，培育适龄壮苗，实行小厢垄作栽培。加强水肥管理，施用腐熟有机肥，增加磷钾肥，适当补施氮肥；防止积水，及时除去丹参植株基部发病的老叶、拔除病株，集中烧毁，收获后及时清除田间病叶残株及杂草集中烧毁或堆沤肥。

（2）化学防治

① 丹参根腐病：

症状：常在4~11月发病。一般4月中下旬发生，5~9月进入盛期。初期个别支根或须根变褐腐烂以后逐渐向主根扩展，致使全根腐烂，外皮变成黑色。发病初期，轻病株地上部症状不明显，后期叶面中午萎蔫，早晚尚能恢复，重病株则多少不能恢复而枯死，严重影响产量。

防治方法：栽种前，用25%多菌灵200倍液浸根条10分钟，晾干后下种；发病初期用50%多菌灵500倍液，或70%甲基托布津800～1000倍液，或40%多硫悬浮剂600倍液浇灌病株，隔5～7天浇灌一次，连续灌窝2～3次。

② 丹参根结线虫病：

症状：由于根结线虫的寄生，在根部长出许多瘤状物，致使植株生长矮小，发育缓慢，干旱时中午萎蔫，叶面退绿，逐渐变黄，最后全株枯死。拔起病株，其根上有许多大大小小虫瘿状的根瘤，用针挑开，肉眼可见白色小点，此为雌线虫。比较常见，往往与根腐病相伴发生，造成严重减产、品质下降。

防治方法：播种、定植时，亩穴施10%满库颗粒剂5千克；发病期间用0.9%爱福丁乳油500～800倍液或1500倍阿维菌素灌窝，每窝灌药液0.05～0.25千克，一般灌1～2次即可。

③ 丹参缺铁病：

症状：一般先在叶上表现病状。叶片变薄，叶上的网状叶脉变细、仍呈绿色叶脉间失绿黄化，间或发生一些小型干枯的斑点，幼嫩叶片在叶脉间形成缺绿的条纹或整个叶片发白；老叶则常早枯。下部叶色绿，渐次向上退淡，新叶全部黄化。

防治方法：偏碱性土壤，应多施腐熟有机质肥料，特别注意多施绿肥和杂肥及酸性肥料；发病期喷施0.05%～1.0%硫酸亚铁溶液或铁的螯合物。

④ 虫害：

蚜虫：成虫吸食茎叶汁液，严重者造成茎叶发黄。防治方法：冬季清园，将枯枝落叶深埋或烧毁；危害初期喷吡虫啉2000倍，间隔10天喷一次，连续数次。

银纹夜蛾：幼虫咬食叶片，夏、秋季发生。防治方法：在害虫幼龄期喷90%敌百虫800倍液或喷用48%毒死蜱1500倍液，每7天喷一次。

（二）工具与材料

（1）丹参种苗。

（2）育苗用苗床、地膜等。

（3）栽培中使用的锄头、铁锹、农家肥、水及水桶、喷雾器等。

训练任务

（一）任务安排

分组，以学习小组进行分根或扦插育苗、移栽、肥水管理及病虫防治等。在实践操作过程中，组内讨论，组间交流，老师总结与评比。

（二）任务要求

（1）**选留种苗分根或扦插育苗移栽**　提前熟悉相关知识。

（2）**栽培管理**　主要是掌握繁殖方法、移栽、肥水管理、病虫防治等。

（3）**采收及初加工**　重点把握采收时节和初加工方法。

思考与练习

（1）丹参的形态特征及其药用功效有哪些？

（2）丹参如何进行繁殖？

（3）丹参丰产栽培管理措施主要有哪些？

（4）丹参病虫防治方法有哪些？

（5）丹参采收时节在何时？

（6）丹参初加工方法有哪些？

考核评价

丹参学习和实操任务考核评价内容和评分标准见表1-2（以小组为单位考核）。

表1-2 丹参学习和实操任务考核评价表

考核项目	内容	分值	得分
技能操作（50分）	了解当地丹参产业现状及意义	10	
	掌握丹参的繁殖方法和丰产栽培管理措施，以及病虫防治、采收和初加工	40	
学习成效（25分）	拓展作业	5	
	实习小结	5	
	物候期实习记录表	5	
	实习总结	5	
	小组总结	5	
思想素质（25分）	安全规范生产	5	
	纪律出勤	5	
	情感态度	5	
	团结协作	5	
	创新思维（主动发现问题、解决问题）	5	
合计		100	
评价人员签字	1. 任课教师： 2. 实习指导教师： 3. 专业带头人： 4. 园区（企业或行业）技术员：		

备注：严禁采摘损坏园区财物及产品，如有损毁，视情节和态度扣除个人成绩20～40分，小组成员同时扣除安全生产及团结协作成绩，情节严重的将按照相关处理办法进行违纪处理。

任务三　白及

📋 任务目标

知识目标

（1）了解白及形态特征、生长环境和地理分布。

（2）掌握白及的繁殖方法。

（3）掌握白及栽培管理技术及病虫防治。

能力目标

（1）能认识白及品种特性和药用功效。

（2）能科学繁殖和丰产栽培管理白及。

任务准备

扫码看视频

（一）知识要点

白及，别称连及草、甘根、白给、紫兰、苞舌兰，属多年生草本、地生植物。花美适合观赏，其球茎晒干后的名称为白及。一般品种的花色呈紫红色，另有白色、黄色、粉红色、红色以及蓝色的栽培种。主要花期在春季，但晚冬至夏初也有开花。如果种植，夏季叶尖容易晒焦，应尽量避免暴晒。

1. 形态特征

白及植株高18~60厘米，假鳞茎扁球形，上面具荸荠似的环带，富黏性，茎粗壮，劲直，叶4~6枚，狭长圆形或披针形，长8~29厘米，宽1.5~4厘米，先端渐尖，基部收狭成鞘并抱茎。花序具3~10朵花，常不分枝或极罕分枝；花序轴或多或少呈"之"字状曲折；花苞片长圆状披针形，长2~2.5厘米，开花时常凋落；花大，紫红色或粉红色；萼片和花瓣近等长，狭长圆形，长2.5~3厘米，宽0.6~0.8厘米，先端急尖；花瓣较萼片稍宽；唇瓣较萼片和花瓣稍短，倒卵状椭圆形，长2.3~2.8厘米，白色带紫红色，具紫色脉；唇盘上面具5条纵褶片，从基部伸至中裂片近顶部，仅在中裂片上面为波状；蕊柱长1.8~2厘米，柱状，具狭翅，稍弓曲。花期4~5月（图1-3）。

2. 生长环境

白及喜温暖、阴湿的环境。稍耐寒、耐阴性强，忌强光直射。宜栽培在排水良好含腐殖质多的沙壤土。

3. 地理分布

白及分布于我国陕西南部、甘肃东南部、江苏、安徽、浙江、江西、福建、湖北、湖南、广东、广西、四川和贵州，在北京和天津也有栽培。生于海拔100~3200米的常绿阔叶林或针叶林下及路边草丛或岩石缝中。

图1-3 白及

4. 繁殖方法

（1）**分株繁殖** 白及用种子播种较难，分块茎繁殖较易。9~11月初将白及挖出，选大小中等，芽眼多，无病的块茎，每块带1~2个芽，沾草木灰后栽种。开沟深5~6厘米，沟距20~25厘米，按株距10~12厘米放块茎一个，芽向上，填土，压实，浇水，覆草，经常保持潮湿，3~4月出苗。

（2）**种苗繁殖** 采用一年生以上的种苗进行种植，可提高单位面积产量。

5. 栽培技术

（1）**选地整地** 选择疏松肥沃的沙壤土和腐殖质壤土，温暖、稍阴湿环境，不耐寒。排水良好的山地栽种时，宜选阴坡生荒地栽植。把土翻耕20厘米以上，施厩肥和堆肥，每亩施农家肥1000千克，没有农家肥可撒施三元复合肥50千克。再翻地使土和肥料拌均匀。栽植前浅耕一次，把土整细、耙平、作宽130~150厘米的高畦。

（2）**田间管理**

① 中耕除草：白及对田间管理除草要求很严格，在种植后2年，每年就要除草4~6次，在白及长出嫩叶之前，通过乙草胺封闭。待白及长出土后，要采用人工除草方式，4月中期时彻底除草，5~6月进行除草追肥，9月前要再次进行

除草2~3次。长到第3年时，杂草的数量会显著降低，通常第3年除草2~3次即可，第4年时除草1~2次，采收前切记不能使用有害化学除草剂，这时候白及块茎成熟，避免由于块茎的中毒而造成影响收成的问题。白及休眠后要做好杂草防治工作。除草结合搂松畦面，除草时要浅锄，免得伤根。

② 施肥：白及是喜肥的植物，应及时做好施肥和追肥，重视肥料的选择，主要采用腐熟的农家有机肥进行追肥，施肥2~3次即可，每月往白及叶片上喷洒一次磷酸二氢钾，8月后中耕除草时给农家肥盖上土压入厢面，从而能促进白及吸收养分，促进块茎迅速生长以及萌芽等。

③ 灌溉和排水：白及喜欢潮湿的环境，需保持土壤的湿润度，干旱时要及时浇水，7~9月份早晚各浇一次水。白及又怕涝，比较容易出现烂根病，遇到大雨及时排水避免伤根。

6. 病虫害防治

在虫害防治中，主要是防治蝼蛄以及地老虎，在3~4月时要及时清除杂草，做好幼虫以及蛹的清除工作，可通过制作毒土的方式防治地老虎，将毒土撒在白及种植地中，能有效杀死幼虫。在毒土配制中，按照50%辛硫磷乳油0.5千克加适量的水，在150千克的细土中喷拌，能发挥良好的作用。通过使用90%的晶体敌百虫1000倍液喷洒，也能起到良好的效果。

在防治病害的过程中，主要防治白及的黑斑病、腐烂病和烂根病，重点要做好排水工作，对于减少烂根病发生概率具有积极的作用。可采用化学药剂进行防治，如采用奥力克青枯立克100~150毫升+大蒜油30毫升，3天喷洒一次，能起到良好的防治效果。

（二）工具与材料

（1）白及种苗。

（2）选地整地，并准备好地膜等。

（3）准备好栽培中使用的锄头、铁锹、农家肥、水及水桶、秸秆、喷雾器等。

训练任务

（一）任务安排

分组，以学习小组进行分株或种苗法制移栽、肥水管理及病虫防治等。在实践操作过程中，组内讨论，组间交流，老师总结与评比。

（二）任务要求

（1）选留种苗分株或种苗繁殖育苗移栽　提前熟悉相关知识。
（2）栽培管理　主要是掌握繁殖方法、移栽、肥水管理、病虫防治等。
（3）采收及初加工　重点把握采收时节和初加工方法。

思考与练习

（1）白及的形态特征及药用功效有哪些？
（2）白及如何进行繁殖？
（3）白及丰产栽培管理措施主要有哪些？
（4）白及主要有哪些病虫害？如何防治？

考核评价

白及学习和实操任务考核评价内容和评分标准见表1-3（以小组为单位考核）。

表1-3　白及学习和实操任务考核评价表

考核项目	内容	分值	得分
技能操作（50分）	了解当地白及产业现状及意义	10	
	掌握白及的繁殖方法和丰产栽培管理措施，以及病虫防治、采收和初加工	40	

续表

考核项目	内容	分值	得分
学习成效（25分）	拓展作业	5	
	实习小结	5	
	物候期实习记录表	5	
	实习总结	5	
	小组总结	5	
思想素质（25分）	安全规范生产	5	
	纪律出勤	5	
	情感态度	5	
	团结协作	5	
	创新思维（主动发现问题、解决问题）	5	
合计		100	
评价人员签字	1. 任课教师：　　　　　　2. 实习指导教师： 3. 专业带头人：　　　　　　4. 园区（企业或行业）技术员：		

备注：严禁采摘损坏园区财物及产品，如有损毁，视情节和态度扣除个人成绩20~40分，小组成员同时扣除安全生产及团结协作成绩，情节严重的将按照相关处理办法进行违纪处理。

任务四　天麻

📋 任务目标

知识目标

（1）了解天麻形态特征、生长环境和地理分布。

（2）掌握天麻的繁殖方法。

（3）掌握天麻栽培管理技术及病虫防治。

能力目标

（1）能认识天麻品种特性及药用功效。

（2）能科学繁殖和丰产栽培天麻。

任务准备

扫码看视频

（一）知识要点

天麻别称合离草、神草、明天麻、白龙皮等，属多年生草本植物。根状茎肥厚，无绿叶，蒴果倒卵状椭圆形，味甘，性平。其根茎入药用以治疗头晕目眩、肢体麻木等症，是名贵中药。据《本草汇言》记载："主头风，头痛，头晕虚旋，癫痫强痉，四肢挛急，语言不顺，一切中风、风痰等证。"药用于中风不遂，肢体麻木，风湿痹痛，眩晕头痛，多种原因所致痉挛抽搐。

1. 形态特征

天麻为多年生腐生草本植物，成熟的植物体有块茎及花茎，无根。块茎横生，椭圆形或卵圆形，肉质，有均匀环节，其上剩膜质鳞叶。茎单一，高30～150厘米，黄褐色，叶鳞片状，膜质，下部鞘状抱茎。总状花序顶生，长5～30厘米。苞片膜质，披针形，长约1厘米。花淡绿黄色或橙红色，萼片与花瓣合生成壶状，口部偏斜，顶端5裂。唇瓣白色，先端3裂。合蕊柱长0.5～0.6厘米。子房下位，倒卵形，子房柄扭转，柱头3裂。蒴果长圆形或倒卵形，长1.2～1.8厘米。种子多而极细，呈粉末状。花期6～7月。果期7～8月（图1-4）。

图1-4 天麻

2. 生长环境

天麻喜凉爽、湿润环境，怕冻、怕旱、怕高温，并怕积水。天麻无根，无绿色叶片，不能自养。在约2年的生活周期中，除有性期约70天在地表外，常年以块茎潜居于土中。宜选腐殖质丰富、疏松肥沃、土壤pH5.5~6.0、排水良好的沙质壤土栽培。天麻生于腐殖质较多而湿润的林下，向阳灌丛及草坡也有。营养方式特殊，专从侵入体内的蜜环菌菌丝取得营养，生长发育。

3. 地理分布

我国天麻属植物已发现有6个品种，即天麻、原天麻、细天麻、南天麻、疣天麻，此外据文献记载我国台湾省还分布一种夏天麻。其中细天麻、南天麻主要分布在台湾省，疣天麻在云南省中部地区发现，原天麻分布于云南省丽江市、石屏县及四川省峨眉山市的高山地区。

4. 繁殖方法

以无性繁殖和有性繁殖交替进行。首先要培养好蜜环菌菌材或菌床。一般阔叶树都可用来作培养蜜环菌的材料，但以槲、栎、板栗、栓皮栎等树种最好。天麻用块茎进行繁殖，主要用无明显顶芽、个体较小的白麻和米麻作种麻，11月至来年3月为栽种适期，但以11月冬种为好。采用菌材伴栽法或菌床栽培法。可选用室内培育、室外培育、防空洞培育。

（1）**无性繁殖** 主要用块茎繁殖。多选5克以上的白头麻（芽嘴较短、白色、不抽花薹）作种，栽前将芽嘴削去，待伤口干后下种。11月至次年3月为栽种适宜期，以11月冬栽较好。栽种方法有下列两种：① 活动菌材伴栽：选择质量好的活动菌材，材间距7~10厘米，把菌材放入深25厘米的窖中，填适量腐殖土。于菌材下侧每隔13~16厘米紧靠菌材顺放种麻1个，菌材两端也各放1个。种麻放好后于两根菌材间加入鲜木材1根，并在适当部位加放些细小菌材，然后填盖腐殖质土以不见菌材为宜；② 固定菌材伴栽：把固定菌材窖的盖土细心扒开，取出上层菌材露出底层固定菌材，取旧留新或留一取一。然后把菌材两边泥土扒开，依照活动菌材伴栽方法栽放种麻，加放新材，覆土盖草。

（2）**有性繁殖** 天麻种子极小，由胚及种皮组成，无胚乳及其他营养贮备，发芽非常困难。种子萌发阶段必须与紫萁小菇一类共生萌发菌建立共生营养关系，种子才能萌发。可采用树叶菌床法或伴菌播种法播种。

5. 栽培技术

（1）**选地整地** 天麻喜凉爽、潮湿的环境，适合在海拔1200～1600米的山区栽种。在不同海拔高度的山区，也可通过选择一些小气候条件，适应天麻生长的需要。土壤质地对天麻生长有极大影响，蜜环菌喜湿度较大的环境条件；而天麻则不宜水浸土壤、黏性土壤、排水不良的土壤。特别是雨季穴中长期积水天麻会染病腐烂，因此宜选沙土和沙壤土种植天麻和培养菌种。

（2）**栽培场地和栽培穴的准备** 天麻栽培不以"亩"为计量单位，而是以"窝""穴"或"窖"为单位。栽培场地不一定要求连片，根据小地形能栽几窝即可栽几窝，窝不宜过大，不能强求一致，可根据地形扩大或缩小。

对整地的要求不严格，只要砍掉地面上过密的杂树以便于操作，挖掉大块石头，把土表渣滓清除干净即可，不需要翻挖土壤，便可直接挖穴栽种。雨水多的地方栽培场地不宜过平，应保持一定的坡度，有利于排水。陡坡地区作小梯田后，穴底稍加挖平，但为了方便排水，也应有一定的斜度。

6. 病虫防治

（1）**病害防治**

① 块茎黑腐病：9～10月降雨量大则发病严重，为害块茎。染病块茎早期出现黑斑，后期腐烂。

防治方法：选择排水良好的沙壤土作栽培地，及时排水；发现为害提前收获。

② 腐烂病：麻种受到机械损伤时易染病，高温、高湿等不良环境也易发生。严重时能抑制蜜环菌生长，也会感染天麻块茎，使之腐烂。

防治方法：菌材及菌种应严格挑选，不能有杂菌感染；菌材间隙用透气性和保湿性良好的填充物填实；栽培天麻的培养料最好进行堆积、消毒、晾晒，杀死内部的蛹及霉菌，减少污染。

（2）**虫害防治**

① 蛴螬：为害天麻块茎。

防治方法：黑光灯诱杀成虫或人工捕杀。

② 蚧壳虫：吸食天麻块茎汁液。

防治方法：人工捕杀或剔除蚧壳虫为害的树木。

（二）工具与材料

（1）蜜环菌菌材或苗床。

（2）选地整地、挖好栽培窝，并准备地膜等。

（3）准备好栽培中使用的锄头、铁锹、农家肥、水及水桶、秸秆、喷雾器等。

训练任务

（一）任务安排

分组，以学习小组进行天麻的无性繁殖和有性繁殖、育苗移栽、肥水管理及病虫防治等。在实践操作过程中，组内讨论，组间交流，老师总结与评比。

（二）任务要求

（1）掌握天麻有性繁殖和无性繁殖方法及育苗移栽　提前熟悉相关知识。

（2）栽培管理　主要是掌握繁殖方法、移栽、肥水管理、病虫防治等。

（3）采收及初加工　重点把握采收时节和初加工方法。

思考与练习

（1）天麻的形态特征及药用功效有哪些？

（2）天麻如何进行繁殖？

（3）天麻丰产栽培管理措施主要有哪些？

（4）天麻主要有哪些病虫害？如何防治？

考核评价

天麻学习和实操任务考核评价内容和评分标准见表1-4（以小组为单位考核）。

表1-4 天麻学习和实操任务考核评价表

考核项目	内容	分值	得分
技能操作（50分）	了解当地天麻产业现状及意义	10	
	掌握天麻的繁殖方法和丰产栽培管理措施，以及病虫防治、采收和初加工	40	
学习成效（25分）	拓展作业	5	
	实习小结	5	
	物候期实习记录表	5	
	实习总结	5	
	小组总结	5	
思想素质（25分）	安全规范生产	5	
	纪律出勤	5	
	情感态度	5	
	团结协作	5	
	创新思维（主动发现问题、解决问题）	5	
合计		100	
评价人员签字	1. 任课教师： 2. 实习指导教师： 3. 专业带头人： 4. 园区（企业或行业）技术员：		

备注：严禁采摘损坏园区财物及产品，如有损毁，视情节和态度扣除个人成绩20~40分，小组成员同时扣除安全生产及团结协作成绩，情节严重的将按照相关处理办法进行违纪处理。

任务五　桔梗

📋 任务目标

知识目标
（1）了解桔梗形态特征、生长环境和地理分布。
（2）掌握桔梗的繁殖方法。
（3）掌握桔梗栽培管理技术及病虫防治。

能力目标
（1）能认识桔梗品种特性及药用功效。
（2）能科学繁殖和丰产栽培桔梗。

📋 任务准备

扫码看视频

（一）知识要点

桔梗别名包袱花、铃铛花，来源于被子植物门双子叶植物纲桔梗科桔梗属，属多年生草本植物。在中国东北地区，桔梗常被腌制为咸菜，在朝鲜半岛被用来制作泡菜，当地民谣《桔梗谣》所描写的就是这种植物。其根入药归肺经，有宣肺、利咽、祛痰、排脓之效，为中医常用药。

1. 形态特征

桔梗茎高20~120厘米，通常无毛，偶密被短毛，不分枝，极少上部分枝。叶全部轮生，部分轮生至全部互生，无柄或有极短的柄，叶片卵形，卵状椭圆形至披针形，长2~7厘米，宽0.5~3.5厘米，基部宽楔形至圆钝，顶端急尖，上面无毛而绿色，下面常无毛而有白粉，有时脉上有短毛或瘤突状毛，边顶端缘具细锯齿。

花单朵顶生，或数朵集成假总状花序，或有花序分枝而集成圆锥花序；花萼筒部半圆球状或圆球状倒锥形，被白粉，裂片三角形，或狭三角形，有时齿状；

花冠大，长1.5~4.0厘米，蓝色或紫色。蒴果球状，或球状倒圆锥形，或倒卵状，长1~2.5厘米，直径约1厘米。花期7~9月（图1-5）。

图1-5 桔梗

2. 生长习性

桔梗喜凉爽气候，耐寒、喜阳光。自然界的桔梗多生于山坡、草丛间或沟旁。桔梗苗期怕强光直晒，需遮阳，成株喜阳光，怕积水。抗干旱，耐严寒，怕风害。故桔梗宜栽培在海拔1100米以下的丘陵地带，半阴半阳的沙质壤土中，以富含磷钾肥的中性夹沙土生长较好。土壤水分过多或积水，则根部易腐烂。桔梗以种子繁殖。种子寿命为1年，常温下贮藏6个月，其发芽率为62.7%~67%。在低温下贮藏，能延长种子寿命，如0~4℃干贮种子18个月，其发芽率比常温贮藏提高3.5~4倍。

3. 地理分布

桔梗产于东北、华北、华东、华中各省以及广东、广西北部、贵州、云南东南部（蒙自市、砚山县、文山壮族苗族自治州）、四川（平武县、凉山彝族自治州以东）、陕西。朝鲜、日本、俄罗斯的远东和东西伯利亚地区的南部也有分布。

4. 繁殖技术

桔梗繁殖，所以要选用高产的植株留种，留种株于8月下旬要打除侧枝上的花序，使营养集中供给上中部果实的发育，促使种子饱满，提高种子质量。蒴果变黄时割下全株，放通风干燥处后熟然后晒干脱粒，待用。通常采用直播，也可育苗移栽，直播产量高于移栽，且叉根少、质量好。可秋播、冬播或春播，以秋播最好。

（1）选种　桔梗种子应选择2年生以上非陈积的种子（种子陈积一年，发芽率要降低70%以上），种植前要进行发芽试验，保证种子发芽率在70%以上。

发芽试验的具体方法是：取少量种子，用40～50℃的温水浸泡8～12小时，将种子捞出，沥干水分，置于布上，拌上湿沙，在25℃左右的温度下催芽，注意及时翻动喷水，4～6天即可发芽。

（2）播种　桔梗可春播也可夏播。春播宜用温烫浸种，可提早出苗，即将种子置于温水中，随即搅拌至水凉后，再浸泡8小时，种子用湿布包的地方，用湿麻袋片盖好，每天早晚用温水冲洗一次，约5天，待种子萌动时即可播种。播将种子均匀播于沟内，因种子细小，播时可用细沙和种子拌匀后播种，播后盖土或火灰，干旱地区播后要浇水保湿。每亩用种量500～750克。出苗期间要注意松土除草，当苗高约2厘米时进行间苗，按株距米留壮苗，苗稀或断优的地方应于阴天带上补苗。后施稀人畜粪水，施后盖上，再追施一次并培土，防止倒伏。施后盖上。此外，还要经常松土除草，天旱要及时浇水。一般于播后秋末或早春萌芽前收获。

防止桔梗益根，桔梗以顺直的长条形、坚实、少岔根的为佳。栽培的桔梗常有许多合根，有二叉的也有三叉的，有的主根粗短不到，侧根。如果一株多苗就有岔根，苗越茂盛主根的生长就越受到影响，反之一株一苗则无岔根、支根。看来解决桔梗岔根问题很简单。栽培的桔梗只要做到一株一苗，则无岔根、支根。因此，应随时剔除多余苗头，尤其是第2年春返青时最易出现多苗，此时要特别注意，把多余的苗头除掉，保持一株一苗。同时多施磷肥，少施氮钾肥，防止地上部分徒长，必要时打顶，减少养分消耗，促使根部的正常生长。

干播的种子需25天左右出苗，催芽播种的种子也需10天左右出苗。待小苗出土后，及时除去杂草，小苗过密要适时疏苗，以每100平方厘米10～12株为宜，间隔5厘米保留一株进行间苗（每亩6万株左右），并配合松土。后期也要适时进行除草。另外桔梗花期较长，要消耗大量养分，影响根部生长，除留种田外要及时疏花疏果提高根的产量和质量。

5. 栽培技术（田间管理）

（1）**选地** 桔梗适宜生长在较疏松的土壤中，尤喜坡地和山地，以半阴半阳的地势为最佳，平地栽培要有良好的排水条件。桔梗不宜连作。

（2）**整地** 桔梗有较长的肉质根，因此最好是垄上栽培。于早春（4月中下旬）撒上农家肥将地翻耕耙细整平（深翻30厘米）。做垄时，先在地上隔2米打上格线，开沟，然后将沟里的土向两边分撩，做成垄宽1.7米、沟宽30厘米左右的垄床，如遇旱，可沿沟灌溉，以备播种。

（3）**施肥** 桔梗在大田播种前可亩施农家肥2000～3000千克、粮食复合肥40千克、过磷酸钙30千克，为防治蛴螬可在翻倒农家肥时每吨施入1千克甲敌粉与农家肥混合均匀在翻地前施入，后期追肥主要用清粪水或尿素，可在当年7月和翌年7～8月用尿素25千克或清粪水进行追肥提苗。清粪水每亩每次可施2吨左右，浓度可在10%左右，追肥后若浓度较大应及时用清水洗苗。

6. 病害防治

（1）**根腐病** 根腐病危害根部，受害根部出现黑褐斑点，后期腐烂至全株枯死。

防治方法：用多菌灵1000倍液浇灌病区；雨后注意排水，田间不宜过湿。

（2）**白粉病** 白粉病主要危害叶片。发病时，病叶上布满灰粉末，严重至全株枯萎。

防治方法：发病初用0.3°Bé石硫合剂或白粉净500倍液喷施或用20%粉锈宁粉1800倍液喷洒。

（3）**根线虫病** 受根线虫危害时，根部有病状突起，地上茎叶早枯。

防治方法：施入1500千克/公顷茶籽饼肥作基肥，可减轻危害，播前用石灰氮或二溴氯丙烷进行土壤消毒。

（4）**紫纹羽病** 9月中旬危害严重，10月根腐烂。受害根部初期变红，密布网状红褐色菌丝，后期形成绿豆大小紫色菌核，茎叶枯萎死亡。

防治方法：切忌连作，实行轮作倒茬；拔除病株烧毁，病穴灌5%石灰水消毒。

（5）**炭疽病** 7～8月高温高湿时易发病，蔓延迅速，植株成片倒伏死亡，主要危害茎秆基部，初期茎基部出现褐色斑点，逐渐扩大至茎秆四周，后期病部收缩，植株倒伏。

防治方法：在幼苗出土前用20%退菌特可湿性粉剂500倍液喷雾预防，发病初期喷配比为1∶1∶100的波尔多液或50%甲基托布津可湿性粉剂800倍液，每10天喷一次，连续喷3~4次。

（6）轮纹病和斑枯病　轮纹病和斑枯病危害叶片，发病初期喷配比为1∶1∶100的波尔多液或50%多菌灵可湿性粉剂1000倍液，连续喷2~3次。

（7）拟地甲　拟地甲危害桔梗根部，可在3~4月成虫交尾期与5~6月幼虫期，用90%敌百虫800倍液或50%辛硫磷乳油1000倍液喷杀。

（二）工具与材料

（1）提前做好桔梗留种、选种工作。

（2）选地整地，备好湿布、地膜等。

（3）准备好栽培中使用的锄头、铁锹、农家肥、水及水桶、秸秆、喷雾器等。

训练任务

（一）任务安排

分组，以学习小组进行桔梗留种选种、育苗移栽、肥水管理及病虫防治等。在实践操作过程中，组内讨论，组间交流，老师总结与评比。

（二）任务要求

（1）掌握桔梗的育种及育苗移栽　提前熟悉相关知识。

（2）栽培管理　主要是掌握繁殖方法、移栽、肥水管理、病虫防治等。

（3）采收及初加工　重点把握采收时节和初加工方法。

思考与练习

（1）桔梗的形态特征及药用功效有哪些？

（2）桔梗的繁殖方法有哪些？

（3）桔梗丰产栽培管理措施主要有哪些？

（4）桔梗有哪些主要的病虫害？如何防治？

考核评价

桔梗学习和实操任务考核评价内容和评分标准见表1-5（以小组为单位考核）。

表1-5 桔梗学习和实操任务考核评价表

考核项目	内容	分值	得分
技能操作（50分）	了解当地桔梗产业现状及意义	10	
	掌握桔梗的繁殖方法和丰产栽培管理措施，以及病虫防治、采收和初加工	40	
学习成效（25分）	拓展作业	5	
	实习小结	5	
	物候期实习记录表	5	
	实习总结	5	
	小组总结	5	
思想素质（25分）	安全规范生产	5	
	纪律出勤	5	
	情感态度	5	
	团结协作	5	
	创新思维（主动发现问题、解决问题）	5	
合计		100	
评价人员签字	1. 任课教师： 2. 实习指导教师： 3. 专业带头人： 4. 园区（企业或行业）技术员：		

备注：严禁采摘损坏园区财物及产品，如有损毁，视情节和态度扣除个人成绩20~40分，小组成员同时扣除安全生产及团结协作成绩，情节严重的将按照相关处理办法进行违纪处理。

任务六　当归

任务目标

知识目标

（1）了解当归形态特征、生长环境和地理分布。
（2）掌握当归的繁殖方法。
（3）掌握当归栽培管理技术及病虫防治。

能力目标

（1）能认识当归品种特性及药用功效。
（2）能科学繁殖和丰产栽培当归。

任务准备

扫码看视频

（一）知识要点

当归别称干归、西当归、岷当归、金当归、土当归，属多年生草本。主根略呈圆柱形，表面黄棕色至棕褐色，具纵皱纹及横长皮孔样突起。味甘、辛、微苦，性温。生用或酒炙用，主含挥发油、阿魏酸、多糖、氨基酸、维生素等成分。据《本草纲目》记载："治头痛、心腹诸痛，润肠胃筋骨皮肤。治痈疽，排脓止痛，和血补血。"药用于血虚萎黄、眩晕心悸、月经不调、经闭痛经、虚寒腹痛、风湿痹痛、跌扑损伤、痈疽疮疡、肠燥便秘。

1. 形态特征

当归为多年生草本植物。高40~100厘米。根圆柱状，分枝，有多数肉质须根，黄棕色，有浓郁香气。茎直立，绿色或带紫色，有纵深沟纹，光滑无毛。叶三出式，2~3回羽状分裂，叶脉及边缘有白色细毛；叶柄长3~11厘米，基部膨大成管状的薄膜质鞘；复伞形花序顶生，花序梗长4~7厘米，密被细柔毛；花瓣长卵形，先端狭尖，内折；花柱短，花柱基圆锥形。果实椭圆形至卵形，长0.4~0.6

厘米，宽0.3~0.4厘米，背棱线形，隆起。花期6~7月，果期7~9月（图1-6）。

图1-6　当归

2. 生长环境

当归原产于高山地区，对温度的要求比较严格，喜凉爽气候，怕高温酷热，在海拔1500~3000米的高寒山区生长适宜，向低海拔引种时往往因夏季高温的影响而失败。土壤宜选择微酸性至中性，土层深厚，肥沃疏松，排水良好，富含有机质的沙壤土、腐殖土，对水分要求严格，抗旱性和抗涝性都弱，以土壤含水量25%左右最适生长，忌连作，轮作期2~3年。幼苗期喜阴，透光度为10%，忌烈日直晒，人工育苗需大棚遮光。第2年耐光力增强，充足光照可使植株生长健壮，产量提高。

3. 地理分布

当归主产于甘肃岷县、陇南市武都区、漳县、成县、两当县、舟曲县、西和县、渭源县、文县、甘谷县等地，其中以岷县所产的"岷归"产量最大、质量最佳。此外，云南、陕西、四川、湖北也产。国内有些省区已引种栽培。其根可入药，是最常用的中药之一。

4. 繁殖方法

（1）采种　当归栽培的第三年为"留种期"，该年8月中下旬果实成熟，种子呈粉白色时采收，切勿选用过度成熟呈深红色的种子作种。

（2）种子处理　种子播种前常进行浸种处理，水温30℃左右，浸种24小时为宜。

（3）**育苗移植** 高海拔地区宜于7月下旬播种，低海拔地区宜于8月中下旬播种。

① 播种育苗：有条播和撒播两种，以条播为主。采用条播，在畦面上按行距15～20厘米横畦开沟，沟深3厘米左右，将种子均匀撒入沟内，覆土整畦，盖草保湿遮光。每亩用种量5千克左右。撒播播种量可达每亩10～15千克，10月上旬当苗的叶子刚刚变黄时即可起苗。

② 起苗贮藏：当归苗应在冬前起苗，起苗时间以气温下降到5℃左右，地上叶片开始枯黄时为宜。起苗时先将苗床土一块一块挖起，然后将苗子拔出，力求根系完整，切勿伤芽和根体，去土去叶，保留1厘米的叶柄。每100株捆成一把，摆放在阴凉干燥处的生干土上晾5～7天，使鲜苗外皮稍干，根体开始变软、叶柄萎缩后就可贮藏。

③ 移栽：必须严格选苗，要求苗子根部完整、无病虫害、根系顺、叉根少，0.3～0.5厘米粗，幼苗有4～5片真叶。一般为春栽，以清明前后外界气温为15℃左右时为宜。栽苗后立即浇足定根水，也可用清腐熟粪水，确保幼苗成活。栽植方式分穴栽和沟栽。

穴栽按株行距33厘米×27厘米错窝开挖穴，穴深15厘米。然后每穴按品字形排列栽入大、中、小苗各一株，边覆土边压紧，覆土至半穴时，将种苗轻轻向上一提，使根系舒展，然后盖土至满穴，施入适量的土杂肥，覆盖细土没过种苗根茎2～3厘米即可。横向开沟，沟距40厘米，沟深15厘米，按3～5厘米的株距摆于沟内，根茎低于畦面2厘米，盖土2～3厘米。

5. 栽培技术

（1）**选地整地** 育苗地宜选择阴凉肥湿的生荒地或熟地。一般在4～5月开荒，先将灌木杂草除去，点火烧制熏肥，深翻土地25～30厘米，翻后打碎土块，去尽草根、石块等，即可作畦；若选用熟地育苗，初春解冻后，要进行多次深翻，施入基肥。基肥以厩肥最好，每亩施入腐熟厩肥2500～3000千克，均匀撒于地面，再浅翻使土肥混合均匀，以备作畦。当归青苗都采用带状高畦，一般按1.3米开沟作畦，畦沟宽30厘米，畦高约25厘米，四周开好排水沟以利排水。

（2）**整移栽地** 宜选土层深厚、疏松肥沃、腐殖质含量高，排水良好的荒地或休闲地。当归不宜连作，前茬以玉米、小麦、大麻、亚麻、油菜、烟草为宜。粮种前要深翻25厘米，施基肥，每亩施腐熟厩肥6000~8000千克，油枯100千克；有条件的还可能适量的过磷腰钙或其他复合肥，翻后耙细，做成高畦（顺坡）或高垄，畦宽1.3~1.5米，高30厘米，畦间更离30~40厘米；垄宽40~50厘米，高25厘米左右。

6. 病虫防治

（1）病害防治

① 根腐病：5月初开始发病，6月为害严重，一直延至收获。为害根部，病株根部组织初呈褐色，进而腐烂变成黑色水浸状。地上部叶片变褐至枯黄，变软下垂，最终整株死亡。

防治方法：选择排水良好、透水性强的沙质壤土作栽培地。高坨栽种，忌连作；土壤消毒：移栽前，用200倍65%代森锌均匀喷洒；选用健壮无病种苗移栽，移栽前用配比为1∶1∶150的波尔多液浸泡10~15分钟，晾干栽植。或育苗时用多菌灵、托布津按种子重量的0.3~0.5%拌种；及时拔除病株，集中烧毁。病穴中撒石灰粉消毒，并用50%退菌特600~1000倍液或50%托布津800~1000倍液全面喷洒病区，以防蔓延。

② 褐斑病：5月下旬开始发病，7~8月较重，一直延至10月，高温多湿条件易发病。主要为害叶。发病初期叶面出现褐色斑点，病斑逐渐扩大成边缘红褐色，中心灰白色。后期病斑内出现小黑点，病情严重时，叶片大部分呈红褐色，最后逐渐枯萎死亡。

防治方法：发病初期及时摘除病叶，并喷1∶1∶150波尔多液、500倍65%的代森锌或800~10000倍50%甲基托布津进行防治，每隔10天左右喷一次，连续3~4次。

③ 白粉病：主要为害叶片。发病初期，叶面上出现灰白色粉状病斑。后期病斑上出现黑色小颗粒，病情发展迅速，全叶布满白粉，逐渐枯死。

防治方法：实行轮作。按种前：种子用福尔马林500倍液浸泡5分钟或闷种2小时，晾干后播种；发病初期，每隔10天左右喷洒1000倍50%的甲基托布津或500倍65%的代森锌连行防治，连续3~4次。

④ 麻口病：移栽后4月中旬、6月中旬、9月上旬、11月上旬为发病高峰期。为害根部。根表皮出现黄褐色纵裂，内部组织呈海绵状、木质化。

防治方法：对土壤、种苗进行药剂处理，苗床及移栽地每亩用辛硫磷颗粒剂3千克，加细土15千克拌匀，翻入土中；在田间管理中尽量减少当归根部创伤，以免微生物侵入；5月上旬和6月中旬用广谱长技界肃利各灌根一次，每亩用50%多菌灵250克或托布津600克加水150克，每株灌稀秤液50克。

（2）虫害防治

① 桃粉蚜：成蚜、若蚜聚集在当归新梢和嫩叶叶背吸食汁液，使心叶嫩叶卷曲皱缩以至枯萎，植株矮小。

防治方法：栽培当归的地块，应选择远离桃树、李树、杏树、梅树等越冬寄主植物，以减少虫源；释放草蛉幼虫或食蚜瓢虫；用50%灭蚜松1000~1500倍液喷杀。每隔5~7天一次，连续2~3次。

② 种蝇：以幼虫为害根茎。出苗时幼虫从近地面处咬孔钻入根部取食，蛀空根部并导致腐烂，严重时植株死亡。

防治方法：利用成虫对糖醋和发酵味的趋性诱杀成虫。用2份醋、2份红糖、5份水加少量90%敌百虫拌和，装入盘中放置田间诱杀；用90%敌百虫1000倍液灌根，每周一次，连续2~3次。

③ 地老虎、蝼蛄、金针虫、蛴螬：为害幼苗。

防治方法：人工捕捉或黑光灯诱杀；用90%敌百虫拌成毒饵诱杀。

（二）工具与材料

(1) 做好当归留种、选种、播种、育苗工作。

(2) 准备好选地整地、地膜、农家肥等。

(3) 准备好栽培中使用的锄头、铁锹、农家肥、水及水桶、秸秆、喷雾器等。

训练任务

（一）任务安排

分组，以学习小组进行当归留种选种、育苗移栽、肥水管理及病虫防治等。在实践操作过程中，组内讨论，组间交流，老师总结与评比。

（二）任务要求

（1）掌握当归的育种及育苗移栽　提前熟悉相关知识。

（2）栽培管理　主要是掌握繁殖方法、移栽、肥水管理、病虫防治等。

（3）采收及初加工　重点把握采收时节和初加工方法。

思考与练习

（1）当归的形态特征及药用功效有哪些？

（2）当归如何进行繁殖？

（3）当归丰产栽培管理措施主要有哪些？

（4）当归有哪些主要的病虫害？如何进行防治？

考核评价

当归学习和实操任务考核评价内容和评分标准见表1-6（以小组为单位考核）。

表1-6　当归学习和实操任务考核评价表

考核项目	内容	分值	得分
技能操作（50分）	了解当地当归产业现状及意义	10	
	掌握当归的繁殖方法和丰产栽培管理措施，以及病虫防治、采收和初加工	40	

续表

考核项目	内容	分值	得分
学习成效（25分）	拓展作业	5	
	实习小结	5	
	物候期实习记录表	5	
	实习总结	5	
	小组总结	5	
思想素质（25分）	安全规范生产	5	
	纪律出勤	5	
	情感态度	5	
	团结协作	5	
	创新思维（主动发现问题、解决问题）	5	
合计		100	
评价人员签字	1. 任课教师：　　　　　2. 实习指导教师： 3. 专业带头人：　　　　4. 园区（企业或行业）技术员：		

备注：严禁采摘损坏园区财物及产品，如有损毁，视情节和态度扣除个人成绩20~40分，小组成员同时扣除安全生产及团结协作成绩，情节严重的将按照相关处理办法进行违纪处理。

任务七　芍药

📋 任务目标

知识目标

（1）了解芍药形态特征、生长环境和地理分布。

（2）掌握芍药的繁殖方法。

（3）掌握芍药栽培管理技术及病虫防治。

能力目标

（1）能认识芍药品种特性及药用功效。

（2）能科学繁殖和丰产栽培芍药。

任务准备

扫码看视频

（一）知识要点

芍药别名白芍、杭芍、亳芍、川芍等，为被子植物门双子叶植物纲芍药科多年生草本植物。芍药可分为药用和观赏两大类。观赏类以观花为主，芍药属于我国名花之一。其花大而美丽且色彩丰富，如红色类的冠群芳、点妆红；黄色类的御衣黄、金带围；紫色类的宝妆成、楼紫等，芍药根蒸煮后刮去栓皮入药称"白芍"，有养血调经、敛阴止汗、柔肝止痛、平抑肝阳之功，为补血良药。用于血虚枯黄，月经不调，自汗，盗汗，胁痛，腹痛，四肢挛痛等。

1. 形态特征

芍药为多年生草本植物。根粗壮，分枝黑褐色。茎高40～70厘米，无毛。下部茎生叶为二回三出复叶，上部茎生叶为三出复叶；小叶狭卵形、椭圆形或披针形，顶端渐尖，基部楔形或偏斜，边缘具白色骨质细齿，两面无毛，背面沿叶脉疏生短柔毛。

花数朵，生茎顶和叶腋，有时仅顶端一朵开放，而近顶端叶腋处有发育不好的花芽，直径8～11.5厘米；苞片4～5个，披针形，大小不等；萼片4个，宽卵形或近圆形，长1～1.5厘米，宽1～1.7厘米；花瓣9～13片，倒卵形，长3.5～6厘米，宽1.5～4.5厘米，白色，有时基部具深紫色斑块；花丝长0.7～1.2厘米，黄色；花盘浅杯状，包裹心皮基部，顶端裂片钝圆；心皮4～5个，无毛。蓇葖长2.5～3厘米，直径1.2～1.5厘米，顶端具喙。花期5～6月；果期8月（图1-7）。

2. 生长环境

芍药喜光，耐寒，在中国北方各地可以露地越冬；夏季喜冷凉气候；喜土层深厚、湿润而排水良好的壤土，在黏土和沙土上虽然可开花，但是生长不良，在盐碱地和低洼地不宜生长。

3. 地理分布

芍药在我国分布于东北、华北地区和陕西及甘肃南部。在东北地区分布于

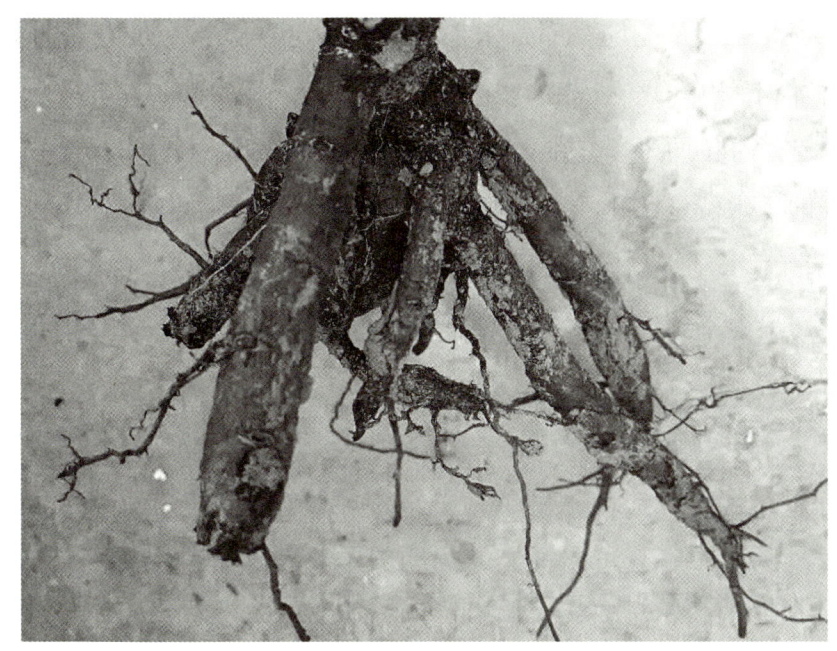

图1-7 芍药

海拔480～700米的山坡草地及林下,各省份分布于海拔1000～2300米的山坡草地。在朝鲜、日本、蒙古及俄罗斯的西伯利亚地区也有分布。在我国四川、贵州、安徽、山东、浙江等省及许多城市公园也有栽培,栽培者花瓣颜色各异。

4. 繁殖方法

芍药的繁殖有分根繁殖和种子繁殖等方法,生产上多采用分根繁殖法。秋季结合收刨芍药,选取根粗长均匀、顶芽粗壮、无病虫害的芍药植株,把直径0.5厘米以上的大根切下入药,留下具有芽头(也称芍头)的根丛作种用。将作种用的芽头按大小及自然生长形状分块(也称芍芽),每块以带粗壮芽2～3个、厚度2厘米左右为宜。每亩芍药根的芍芽可定植3～5亩大田。芍芽应随切随栽,如一时栽不完,可将芍芽贮藏到20厘米深的湿沙坑内。

5. 栽培技术

(1) 选地整地 园地应选择地势较高的旱地,或平坡、缓坡。栽培土为土质疏松、土层深厚、排水良好的沙壤土或夹沙黄泥土。黏土和沙土可以种植,但生长不良,盐碱地和低洼地不宜种植。

芍药生长期为2～3年,种植后不再耕翻,因此种植前要深翻土35厘米以上，并清除多年生杂草的地下部分和石块。根据地势和土质作畦，排水好的沙质坡地可采用不开沟的平畦，透水性差的黏性平地采用高畦，畦高约20厘米，宽1～1.3米，沟宽约40厘米。畦的四周要有较深的排水沟，土质较黏的平地更有必要，以降低地下水位，防止发生根腐。前作玉米、小米、甘薯均可。

（2）芍药栽植 栽植期以9月中旬至10月上旬为宜，也可提前至8月底，以利根系早发，最迟不能过霜降，否则下种时易折断已发的根，还因气温下降，抑制根系发育，影响翌年生长。

栽植株距40～50厘米，行距50～60厘米，每亩近2500～3500株，穴深约20厘米。每穴带根芍头应有根两条，呈八字形放入，用少量泥土固定，向根尖部施入粪尿、腐熟饼肥或过磷酸钙，然后覆土并调整好芽的高低使其与地向齐平，再覆土至高出地面使成馒头形，盖上栏肥，上面再覆土少量。

（3）中耕除草 翌年早春土壤解冻后，及时去除培土，并松土保墒，以利出苗。幼苗出土后的2年内，每年应中耕除草3～4次；以后每年在植株萌芽至封垄前应除草4～6次。夏季干旱时应中耕保墒；冬季结合中耕进行全面清园，以减轻病虫害。

（4）肥水管理 芍药是喜肥作物。除施足基肥外，从栽后第2年起，每年需追肥3次；第1次在3月中耕除草后，每亩施人畜粪肥水1500～2000千克；第2次、第3次分别在5月和7月，每次每亩施人畜粪肥水1500千克、饼肥25～30千克，或三元复合肥40～60千克。芍药喜干怕涝，一般不需浇水，仅需在严重干旱时一次灌透水。多雨季节必须清沟排水，否则淹水6小时后会导致烂根而全株枯死。

（5）剪花去蕾 药用芍药在栽后第3年开花。开花后除留种植株外，于4月底至5月初的早晨，将初绽的花蕾从花茎基部轻轻剪下，作插花或切花，以利于集中养分供应根部生长需要。

6. 病虫防治

芍药的病害主要有灰霉病、褐斑病、红斑病和芍药锈病，其中芍药锈病只危害芍药，受害后叶部呈粉状斑，导致地上部枯死。病害防治方法：① 发病临近期，每隔7～10天喷一次65%代森锰锌可湿性粉剂400～600倍液，连喷

3~5次，可抑制病害的发生蔓延；② 发病初期，喷洒50%多菌灵或甲基托布津500~1800倍液；③ 加强栽培管理，促进植株健壮，提高抗病能力；④ 冬、春季清除杂草枯枝落叶，减少病源。

芍药的虫害有金龟子、介壳虫和蚜虫。金龟子幼虫为害芍药根部，造成伤口，以致根腐病发生，成虫为害叶片和花；介壳虫吸食芍药汁液，使植株衰弱，枝叶变黄；蚜虫吸食叶片汁液，使叶片卷曲变黄，以致整株枯萎死亡。虫害防治方法：① 清除杂草病枝落叶；② 利用天敌如七星瓢虫、食蚜蝇等控制虫害；③ 喷洒4.5%氯氟氰菊酯乳油2500倍液，或50%灭蚜松1000~1500倍液，或10%吡虫啉1200倍液消灭各种虫害。

（二）工具与材料

（1）做好芍药留种、选种、播种、育苗工作。

（2）选地整地，准备好地膜、农家肥等。

（3）准备好栽培中使用的锄头、铁锹、农家肥、水及水桶、秸秆、喷雾器等。

训练任务

（一）任务安排

分组，以学习小组进行芍药分根繁殖和种子繁殖方法、育苗移栽、肥水管理及病虫防治等。在实践操作过程中，组内讨论，组间交流，老师总结与评比。

（二）任务要求

（1）**掌握芍药的育种及育苗移栽** 提前熟悉相关知识。

（2）**栽培管理** 主要是掌握繁殖方法、移栽、肥水管理、病虫防治等。

（3）**采收及初加工** 重点把握采收时节和初加工方法。

思考与练习

（1）芍药的形态特征及药用功效有哪些？

（2）芍药的繁殖方法有哪些？

（3）芍药丰产栽培管理措施主要有哪些？

（4）芍药主要有哪些病虫害？如何进行防治？

考核评价

芍药学习和实操任务考核评价内容和评分标准见表1-7（以小组为单位考核）。

表1-7　芍药学习和实操任务考核评价表

考核项目	内容	分值	得分
技能操作（50分）	了解当地芍药产业现状及意义	10	
	掌握芍药的繁殖方法和丰产栽培管理措施，以及病虫防治、采收和初加工	40	
学习成效（25分）	拓展作业	5	
	实习小结	5	
	物候期实习记录表	5	
	实习总结	5	
	小组总结	5	
思想素质（25分）	安全规范生产	5	
	纪律出勤	5	
	情感态度	5	
	团结协作	5	
	创新思维（主动发现问题、解决问题）	5	
合计		100	
评价人员签字	1. 任课教师：　　　　　2. 实习指导教师： 3. 专业带头人：　　　　4. 园区（企业或行业）技术员：		

备注：严禁采摘损坏园区财物及产品，如有损毁，视情节和态度扣除个人成绩20～40分，小组成员同时扣除安全生产及团结协作成绩，情节严重的将按照相关处理办法进行违纪处理。

任务八 重楼

任务目标

知识目标
（1）了解重楼形态特征、生长环境和地理分布。
（2）掌握重楼的繁殖方法。
（3）掌握重楼栽培管理技术及病虫防治。

能力目标
（1）能认识重楼品种特性及药用功效。
（2）能科学繁殖和丰产栽培重楼。

任务准备

扫码看视频

（一）知识要点

重楼别称草河车、七叶莲、铁灯台，为百合科云南重楼或七叶一枝花的干燥根茎。叶片厚纸质，披针形、卵状长圆形至倒卵形味苦，性微寒。煎服或研末外敷，主含皂苷及其苷元。据《本草汇言》记载：热伤营阴吐衄血证忌用之。药用于疗疮痈肿，咽喉肿痛，蛇虫咬伤，跌扑伤痛，惊风抽搐。

1. 形态特征

云南重楼为多年生草本植物。叶6~10片轮生，叶柄长0.5~2厘米，叶片厚纸质，披针形、卵状长圆形至倒卵形，长9~23厘米，宽2.5~7厘米。花梗从茎顶抽出，顶生一花；花两性，萼片披针形或长卵形，绿色，长3.5~6厘米；花被片线形而略显披针形，黄色，长为萼片的1/2左右至近等长，中部以上宽0.2~0.6厘米；雄蕊8~10个，花药长1~1.5厘米；花丝比花药短，药隔突出部分0.1~0.2厘米。花期6~7月，果期9~10月。生于山地林下或路旁的阴湿处。而七叶一枝花，多年生草本，高30~100厘米。茎直立。叶5~8片轮生于茎顶，叶片披针形、倒卵状披针形或倒披针形,长7~17厘米,宽2.5~5厘米。花梗从茎顶抽出,通常比叶长,顶生一花,萼片4~6枚,叶状,绿色,长3~7厘米;花被片细线形,黄色或黄绿色,宽0.1~0.15厘米。长为萼片的1/3至近等长;雄蕊8~10个,花药长1.2~2厘米。蒴果球形。花期5~7月,果期8~10月。生于山坡林下荫处或沟谷边的草丛阴湿处(图1-8)。

图1-8　重楼

2. 生长环境

重楼喜阴湿环境,最宜生长在疏松肥沃的弱酸性腐质或沙质土壤中,不可受阳光直射,应在散射环境中进行养护,其怕旱又怕涝,在养护过不能有积水出现,环境温度最好保持在20℃左右。

3. 地理分布

重楼的产地主要分布于云南、贵州、四川等地,七叶一枝花的产地主要分布于广东、广西、江西、福建、陕西、四川等地。

4. 繁殖方法

(1) 有性繁殖　有性繁殖是用成熟的重楼种子育苗。秋天,当重楼种子成熟、种球包皮裂开并露出深红色的籽粒时,即可采收。采收回的籽种摆放厚度不要超过20厘米,放在阴凉处,防止干燥和发霉。采收完后,把种球包皮撕开,抖散籽粒，就可播种，不宜长时间保存。重楼籽粒出苗率低，出苗极缓慢，往往播种后一两年才能出苗生长，必须长期精心管护。整地施肥的土要比栽种苗时的土耙得更细，所施肥料也更细，不能结块，地耙好后，做成1.2米宽的畦，畦的长度以实际需要为准。畦两侧做成比畦高5~10厘米的埂，埂上摆放砖块，畦面要平整，不得有凹凸。把种子均匀地撒在畦面上，上面撒一层用细筛筛过的草木灰和腐殖土各半混合成的细土2~3毫米，用拍板轻轻拍打畦面，使籽粒与土壤紧密接触。籽粒撒完后，畦面上盖一层厚2~3厘米扯碎的苔藓，用喷壶浇第一遍水，再在苔藓上撒一层厚5厘米左右的松毛，松毛上压树枝，防止风把松毛吹走。在松毛上再洒1~2遍水，并长期保湿，经常检查畦面，如畦面土壤晒干，就要用喷壶浇水。浇水时间最好在上午12时前。育苗床上如有杂草，需轻轻拔除，不要用锄刨，不得带动重楼种子、种苗，严防人兽践踏。重楼种子发芽后，幼苗极为娇嫩，需要4~5年时间才能成苗移栽。播种后第2年长出1片叶，到下一年长出4片叶，逐年增加，直至7~8片叶，最多达9~10片。移栽时，边起苗边栽植，起苗时种苗根部需带土，以便成活。

（2）无性繁殖　无性繁殖是在重楼收获后，把顶芽切下来作种栽。

① 切取种栽：收获重楼时，在根茎的顶芽下方留2厘米左右的根茎下刀切取，种栽上要保留须根，切口涂抹草木灰。切取的种栽放在阴凉处或屋内，防止太阳暴晒，及时种植。

② 栽植：无性繁殖是种植重楼的最好方法，切取的种栽种下后，出苗整齐。栽植第2年就有部分开花结籽，5~6年即可收获，生产周期短，效益比有性繁殖快且好，但也有缺点，一是要事先有种植和收获，二是数量少，局限性大。

5. 栽培技术

（1）整地　种植重楼前，先选好适宜的地块，地块应邻近有水源和富含腐殖土的地方。深挖30厘米左右，每亩施入3000千克以上的腐熟圈肥，肥要细碎，不能结块，细耙1~2遍，使土壤和肥料混匀。培成宽1.2~1.4米的畦，两畦间留30~50厘米的沟，作为灌溉、排涝的沟及以后田间管理的操作道。

（2）准备种苗　春末夏初，重楼开始发芽生长，如果不能直接购买到种苗，只能到有野生重楼生长的高山林间沟底、坡地采挖野生种苗，把种苗挖起后，保留根部的泥土，理顺好种苗，不要把它折断。种苗带回家后，洒上水，放在阴凉处，按大小分开，分别栽种，方便以后分期收获。

（3）定植　把挖回的种苗按大小分别栽在不同的畦上。大苗行、株距20厘米，小苗行、株距15厘米，畦两侧各留10~15厘米的墒埂，以便今后施追肥和培土，使种下的重楼根茎不至于伸长到畦边。横畦开深10厘米左右的浅沟，把种苗整齐地摆放外侧，根茎深入土中5厘米左右。然后把一沟的土培在苗上，并用手压实，依次栽种。

（4）浇定根水　种苗栽下后，及时浇定根水，先少浇，稳住种苗，然后多浇，使种下的重楼苗周围湿透。待种苗全部种完后，可以开沟漫灌，保持土壤湿润，严防干旱。在中午极炎热时，为防止种苗萎蔫，要在种苗上喷洒水，并使用遮阳棚遮阳。

6. 病虫防治

（1）病害

① 猝倒病：

危害：该病为幼苗期病害，一般4~5月低温多雨时发病严重。发病的症状为从茎基部感病，初发病为水渍状，很快向地上部扩展，有时子叶或叶片仍为绿色时即突然倒伏。

防治方法：精选无病种子或种苗；苗床用50%多菌灵可湿性粉剂600倍液+58%甲霜灵锰锌粉剂600倍液混合后浇淋；选用58%甲霜灵锰锌可湿性粉剂600倍液、68.75%银法利（氟菌·霜霉威）悬浮剂2000倍液浇淋植株及根部壤。

② 根腐病：

危害：为害地下根茎部分，病菌侵染后，根系逐渐呈黄褐色腐烂，地上部叶片边缘变黄蕉枯，导致整株死亡，叶片干枯。

防治方法：选择避风向阳的坡地栽培；播种或移栽时用草木灰拌种苗，初发病时选用75%百菌清600倍液、25%甲霜灵锰锌600倍液、70%代森锰锌600倍液、64%杀毒矾600倍液、80%多菌灵500倍液等其中一种药液浇根；当发现地下虫害时，用50%辛硫磷乳油800倍液浇淋根部防治。

③ 叶茎腐病：

危害：为害植株叶、茎部，初侵染产生水渍状小斑，导致根茎部组织腐烂、倒苗。

防治方法：冬春季要清除枯枝、病叶集中烧毁，减少病源的越冬基数；发病初期选用58%瑞毒霉500倍液、72%甲霜灵锰锌600倍液、75%百菌清600倍液、80%代森锰锌500倍液、68.75%银法利（氟菌·霜霉威）2000倍液等其中一种药液喷施防治。

④ 叶斑病：

危害：主要是叶片受害，低洼积水处，通风不良，光照不足，肥水不当等容易发病。

防治方法：及时清除严重病叶集中处理；移栽前选用50%多菌灵、30%特富灵（氟菌唑）1000倍液浸种消毒10分钟；发病初选用75%百菌清100倍液、40%福星（氟硅唑）3000倍液、10%恶醚唑水分散颗粒剂、30%特富灵（氟菌唑）可湿粉1000倍液等其中一种药剂喷施叶片防治。

⑤ 褐斑病：

危害：发病初期，病部呈水渍状，接着失绿变黄，慢慢病斑扩大或随病情发展，病斑相融合，叶片边缘枯卷。

防治方法：及时清除、销毁病残体；增施有机肥，提高重楼抗病力；发病初期选用药剂防控，可参照叶斑病药剂进行控病。

⑥ 灰霉病：

危害：主要侵染叶片、茎干和花蕾，发病初期水渍状斑块，病部逐渐扩大，后期病部产生灰色霉层。

防治方法：及时清除、销毁病残体；注意排水和降低湿度；增施有机肥，提高重楼抗病力；发病初期选用40%明迪（氟啶胺+异菌脲）3000倍液、40%嘧霉胺1000倍液、50%啶酰菌胺1200倍液、50%速克灵2000倍液等其中一种药液喷施、喷淋植株。

（2）虫害

① 地下害虫类：

危害：地下害虫有蛴螬、地老虎、金针虫等，主要为害根部和嫩苗茎基部等。

防治方法：秋冬季深翻土壤；施用腐熟有机肥，防止成虫产卵；在成虫大量发生初期选用50%辛硫磷乳油1000倍液、10%吡虫啉1500倍液喷施防治。

② 潜叶蝇类：

危害：幼虫钻入寄主叶片组织中潜食叶肉，造成叶片枯萎早落，产量下降。

防治方法：播种前翻耕土壤，清除杂草和摘除有虫叶烧掉或深埋；成虫盛发期用黄色粘虫卡或3%红糖液加少量敌百虫晶体喷洒诱杀成虫；叶片零星虫道时选用1.8%阿维菌素乳油2000倍液、40%速扑杀1000倍液、1.8%爱福丁乳油1500倍液液等其中一种药剂喷施。

③ 红蜘蛛：

危害：叶片出现黄色针尖样斑点，引起植株长势衰弱。

防治方法：收获后彻底清除田枯叶及周围杂草；发生初期用75%倍乐霸可湿性粉1500倍液、10%吡虫啉1500倍液或4%杀螨威乳2000倍液等其中一种叶片正、反面喷雾防治。

④ 蓟马类：

危害：蓟马种类主要有花蓟马、瓜蓟马、稻蓟马、葱蓟马等，不但为害叶片、花蕾，还传播病毒，导致植株生长缓慢，严重影响生长和产量。

防治方法：清除田间杂草和枯枝残叶，集中烧毁或深埋；利用蓝板诱杀成虫；零星发生选用10%吡虫啉1500倍、5%啶虫脒2000倍、20%毒·辛乳油1500倍、4.5%高氯乳油1000倍、5%溴虫氰菊酯1000倍等其中一种药剂进行叶片正、反面喷施防治。

⑤ 蚜虫：

危害：以成虫、若虫吮吸嫩叶的汁液，使叶片变黄，植株生长受阻。

防治方法：注意搞好喷水抗旱；做好冬季的除草和翻地，清洁田间；选用吡虫啉、啶虫脒和苦参碱等其中一种按使用说明书用量防控。

⑥ 蜗牛：

危害：主要为害嫩芽、叶片。

防治方法：雨后人工或在排水沟内堆放青草诱杀；零星发生选用90%敌百虫晶体1000倍液、50%辛硫磷1000倍液、48%地蛆灵200倍液等药剂喷施防治。

⑦ 蛞蝓：

危害：白天潜伏，夜间啃食植物的叶片，直接影响重楼的生长。

防治方法：保持干燥环境，清除田园危害、秋季耕翻破坏其栖息环境；施用充分腐熟的有机肥；选用48%地蛆灵乳油或6%蜗牛净颗粒剂配成含有效成分4%左右的豆饼粉或玉米粉毒饵，在傍晚撒于田间垄上诱杀。

（二）工具与材料

（1）做好重楼的留种、选种、播种、育苗工作。

（2）选地整地，准备好地膜、农家肥、种苗等。

（3）准备好栽培中使用的锄头、铁锹、农家肥、水及水桶、秸秆、喷雾器等。

📋 训练任务

（一）任务安排

分组，以学习小组进行重楼有性繁殖和无性繁殖方法、育苗移栽、肥水管理及病虫防治等。在实践操作过程中，组内讨论，组间交流，老师总结与评比。

（二）任务要求

（1）掌握重楼的育种及育苗移栽　提前熟悉相关知识。

（2）栽培管理　主要是掌握繁殖方法、移栽、肥水管理、病虫防治等。

（3）采收及初加工　重点把握采收时节和初加工方法。

思考与练习

（1）重楼的形态特征及药用功效有哪些？

（2）重楼如何进行繁殖？

（3）重楼丰产栽培管理措施主要有哪些？

（4）重楼主要有哪些病虫害？如何防治？

考核评价

重楼学习和实操任务考核评价内容和评分标准见表1-8（以小组为单位考核）。

表1-8 重楼学习和实操任务考核评价表

考核项目	内容	分值	得分
技能操作（50分）	了解当地重楼产业现状及意义	10	
	掌握重楼的繁殖方法和丰产栽培管理措施，以及病虫防治、采收和初加工	40	
学习成效（25分）	拓展作业	5	
	实习小结	5	
	物候期实习记录表	5	
	实习总结	5	
	小组总结	5	
思想素质（25分）	安全规范生产	5	
	纪律出勤	5	
	情感态度	5	
	团结协作	5	
	创新思维（主动发现问题、解决问题）	5	
合计		100	
评价人员签字	1. 任课教师： 2. 实习指导教师： 3. 专业带头人： 4. 园区（企业或行业）技术员：		

备注：严禁采摘损坏园区财物及产品，如有损毁，视情节和态度扣除个人成绩20~40分，小组成员同时扣除安全生产及团结协作成绩，情节严重的将按照相关处理办法进行违纪处理。

任务九　黄精

任务目标

知识目标
（1）了解黄精形态特征、生长环境和地理分布。
（2）掌握黄精的繁殖方法。
（3）掌握黄精栽培管理技术及病虫防治。

能力目标
（1）能认识黄精品种特性及药用功效。
（2）能科学繁殖和丰产栽培黄精。

任务准备

扫码看视频

（一）知识要点

黄精，又名鸡头黄精、黄鸡菜、老虎姜、鸡爪参等，为天门冬目天门冬科黄精属植物。黄精干燥根茎入药，性味甘平，具有补气养阴、健脾、润肺、益精之功，用于脾胃气虚，体倦乏力，胃阴不足，口干食少等。黄精含有大量淀粉、糖分、脂肪、蛋白质、胡萝卜素、维生素和多种其他营养成分，又因其肉质根状茎肥厚，故可生食、炖服。黄精集药用、食用、观赏、美容于一身，在注重中药养生的当今时代，它蕴含的药用保健价值进一步提升，市场需求量日益增加，野生资源已远不能满足市场需求，人工栽培黄精具有良好的经济效益，有着良好前景。

1. 形态特征

黄精根状茎呈圆柱状（图1-9），由于结节膨大，因此"节间"一头粗、一头细，在粗的一头有短分枝（中药志称这种根状茎类型所制成的药材为鸡头黄精），直径1~2厘米。茎高50~90厘米，或可达1米以上，有时呈攀缘状。叶轮生，每轮4~6枚，条状披针形，长8~15厘米，宽0.4~1.6厘米，先端拳卷或弯曲成钩。

图1-9 黄精

花序通常具2~4朵花，总花梗长1~2厘米，花梗长0.25~1厘米，俯垂；苞片位于花梗基部，膜质，钻形或条状披针形，长0.3~0.5厘米，具1脉；花被乳白色至淡黄色，全长0.9~1.2厘米，花被筒中部稍缢缩，裂片长约0.4厘米；花丝长0.05~0.1厘米，花药长0.2~0.3厘米；子房长约0.3厘米，花柱长0.5~0.7厘米。浆果直径0.7~1厘米，黑色，具4~7颗种子。花期5~6月，果期8~9月。

2. 生长环境

黄精生长于林下、灌丛或山坡阴处，海拔800~2800米。黄精喜阴湿气候条件，具有喜阴、耐寒、怕干旱的特性，在干燥地区生长不良，在湿润荫蔽的环境下植株生长良好。在土层较深厚、疏松肥沃、排水和保水性能较好的壤土中生长良好；在贫瘠干旱及黏重的地块不适宜植株生长。

3. 地理分布

黄精产于黑龙江、吉林、辽宁、河北、山西、陕西、内蒙古、宁夏、甘肃（东部）、河南、山东、安徽（东部）、浙江（西北部）。朝鲜、蒙古和俄罗斯的西伯利亚东部地区也有分布。

4. 繁殖方法

黄精的繁殖方法主要有2种，即根茎繁殖和种子繁殖。

（1）根茎繁殖　一般可于晚秋或早春的3月下旬进行栽培，栽培时可将1~2年生的健壮、无病虫害的植株根茎的先端幼嫩部分截成数段，然后按适宜的行距进行种植。

（2）种子繁殖　将种子经过沙藏处理后按行距为12~15厘米均匀地撒播到畦面的浅沟内，覆土浇水后注意保湿即可。

5. 栽培技术

（1）选地整地

① 选地：宜选择土壤肥沃疏松、中性或微酸，富含腐殖质、排灌方便、周边植被好的水田、坡地或缓坡地。

② 整地：全田深耕，每亩施腐熟农家肥约2000千克作基肥，精细整地后开沟起厢，厢宽约1.3米，沟深约0.3米。

（2）播种

① 种子繁殖：在8月份左右种子成熟后，采收并进行沙藏处理。方法：种子与细沙土按1∶3的比例混匀，在背阴处开0.3米深的坑，放置在坑里面，保持湿润。到翌年3月气温稳定以后，取出种子；在育苗的厢面上按行距0.18米的规格开浅沟，然后把种子均匀撒到沟内，覆盖薄土后稍微压实在，并浇透水保持湿润，覆盖一层稻草。在即将出苗时注意去掉覆盖的稻草，当黄精苗长到0.1米高时，根据生长情况，在生长过密处进行间苗，移到比较空虚处。在育苗期，可根据苗情，喷施1~2次磷酸二氢钾。育苗1年后可以移栽。

② 根状茎繁殖：在初冬或春末，挖取1~2年生的健壮、无病虫害植株地下根茎，选幼嫩部分截段，每段3~4节，将切口稍加晾干或用多菌灵消毒后，按行距0.25米、株距0.15米、深0.05米的规格种植，覆土约0.05米，压实土后浇水。育苗期隔4天浇水一次，保持土壤湿润。如在秋末种植，应在厢面覆盖稻草，起到保暖作用。

③ 野生苗种植：平时注意采集健壮、无病虫害的野生苗，根据大小进行分类培育，选择适当的时期，按照株行距均为0.25米规格移栽。

（3）种植时间、规格及方法

① 时间：根据苗的大小来确定移栽时间，小苗宜在秋季带苗移栽，大苗宜在植株生长至倒苗时候移栽。雨季移栽尽可能带土苗，减少根部损伤，起苗后立即移栽。

② 规格：小苗种植的行株距分别为0.3米、0.25米，大苗种植的行株距分别为0.4米、0.35米。

③ 方法：厢面横向开沟，沟深0.08米，按种植规格放置种苗，芽尖向上，用开第二沟的土覆盖前一沟。植后薄盖稻草保温、保湿和防杂草。

（4）水肥管理

① 水分管理：植后淋定根水，大田期根据土壤湿度及时浇水，保持土壤湿润；雨季清沟确保排水畅通，忌厢面积水。

② 养分管理：施肥以有机肥为主，辅以复合肥和各种微量元素肥料。有机肥包括充分腐熟的农家肥、草木灰、作物秸秆等，禁止施用人粪尿。可在5月、8月结合中耕培土各追肥一次，最好在株距中间开条沟施肥，然后覆土。每亩沟施有机肥1500千克或枯饼肥70千克；可视苗情撒施或兑水浇施复合肥8~10千克/亩。每次施肥后要浇一次水；在其生长旺盛期（7~8月）可用0.2%磷酸二氢钾喷施，隔15天喷一次，共3次，促进植株生长。

（5）中耕除草　黄精栽培切忌使用化学除草剂，所以在种植后的第1年要根据生长情况，结合人工除草进行浅中耕；在第2年要结合除草、培土、施肥进行深中耕，增加黄精根部土层厚度，利于根茎膨大生长。

6. 病虫防治

黄精主要病害包括叶斑病和黑斑病，均为害叶片，影响植株生长。黑斑病发病初期，叶片从叶尖出现不规则黄褐色斑，病、健部交界处有紫红色边缘，以后病斑向下蔓延，雨季则更严重，病部叶片枯黄。

防治方法：一是收获时清园，消灭病残体；注意清沟排渍，降低田间湿度恶化病害流行条件；二是在发病达到防治指标时选用高效低毒农药。发病初期喷可用配比为1∶1∶100的波尔多液或50%退菌特1000倍液、50%多菌灵可湿性粉剂1000倍液或80%代森锰锌可湿性粉剂800倍液，隔7~10天一次，连续数次。

黄精主要病虫有蛴螬和地老虎，均能咬断幼苗、嚼食苗根或根状茎，造成断苗或根部空洞。2种主要虫害均可用75%辛硫磷乳油按种子量0.1%拌种；或发生期用90%敌百虫1000倍液浇灌。

（二）工具与材料

（1）做好黄精的留种、选种、播种、育苗工作。

（2）准备好选地整地、地膜、农家肥、种苗等。

（3）准备好栽培中使用的锄头、铁锹、农家肥、水及水桶、秸秆、喷雾器等。

训练任务

（一）任务安排

分组，以学习小组进行黄精的根茎繁殖和种子繁殖方法、育苗移栽、肥水管理及病虫防治等。在实践操作过程中，组内讨论，组间交流，老师总结与评比。

（二）任务要求

（1）掌握黄精的育种及育苗移栽　提前熟悉相关知识。

（2）栽培管理　主要是掌握繁殖方法、移栽、肥水管理、病虫防治等。

（3）采收及初加工　重点把握采收时节和初加工方法。

思考与练习

（1）黄精的形态特征及药用功效有哪些？

（2）黄精如何进行繁殖？

（3）黄精丰产栽培管理措施有哪些？

（4）黄精主要有哪些病虫害？如何进行防治？

考核评价

黄精学习和实操任务考核评价内容和评分标准见表1-9（以小组为单位考核）。

表1-9 黄精学习和实操任务考核评价表

考核项目	内容	分值	得分
技能操作（50分）	了解当地黄精产业现状及意义	10	
	掌握黄精的繁殖方法和丰产栽培管理措施，以及病虫防治、采收和初加工	40	
学习成效（25分）	拓展作业	5	
	实习小结	5	
	物候期实习记录表	5	
	实习总结	5	
	小组总结	5	
思想素质（25分）	安全规范生产	5	
	纪律出勤	5	
	情感态度	5	
	团结协作	5	
	创新思维（主动发现问题、解决问题）	5	
合计		100	
评价人员签字	1. 任课教师： 2. 实习指导教师： 3. 专业带头人： 4. 园区（企业或行业）技术员：		

备注：严禁采摘损坏园区财物及产品，如有损毁，视情节和态度扣除个人成绩20～40分，小组成员同时扣除安全生产及团结协作成绩，情节严重的将按照相关处理办法进行违纪处理。

任务十　前胡

📋 任务目标

知识目标

（1）了解前胡形态特征、生长环境和地理分布。

（2）掌握前胡的繁殖方法。

（3）掌握前胡栽培管理技术及病虫防治。

能力目标

（1）能认识前胡品种特性及药用功效。

（2）能科学繁殖和丰产栽培前胡。

任务准备

扫码看视频

（一）知识要点

前胡别称白花前胡、鸡脚前胡、官前胡、山独活，属伞形科多年生草本植物，根颈粗壮，径灰褐色，根圆锥形，茎圆柱形，基生叶具长柄，叶片轮廓宽卵形或三角状卵形，味苦，辛，性微寒。煎汤或入丸用，主含挥发油和香豆素。据《本草汇言》记载："前胡，散风寒、净表邪、温肺气、消痰嗽之药也。"药用于解热、祛痰、治感冒咳嗽、支气管炎及疖肿。

1. 形态特征

前胡为多年生草本植物（图1-10）。呈不规则扁圆形，有2～3个爪状分叉。表面白色或黄白色，角质状，有细皱纹，上面有凸起的圆疤状茎痕，下面有连接另一块的痕迹，以茎痕为中心，周围有棕褐色同心环纹，其上有棕色小点状须根残痕。质坚硬，不易折断，横切面黄白色，半透明角质样。味苦，嚼之

图1-10 前胡

有黏性。基生叶具长柄，叶片轮廓宽卵形或三角状卵形，三出式二至三回分裂，先端渐尖，基部楔形至截形，边缘圆锯齿，两面无毛，叶鞘稍宽，边缘膜质，复伞形花序多数，顶生或侧生，伞形花序，总苞片线形；伞辐不等长，小伞形花序有花；花瓣卵形，白色；花柱短，弯曲，圆锥形。果实卵圆形，棕色，8～9月开花，10～11月结果。

2. 生长环境

前胡为宿根植物，喜冷凉湿润的气候，土壤以土层深厚、疏松、服沃的夹沙

土为好，前胡在温度高且持续时间长的平坝地区以及荫蔽过度、排水不良的地方生长不良且易烂根，质地黏重的黄泥土和干燥瘠薄的河沙土不宜栽种。

3. 地理分布

前胡分布于我国甘肃、河南、贵州、广西、四川、湖北、湖南、江西、安徽、江苏、浙江、福建。生长于海拔250～2000米的山坡林缘，路旁或半阴性的山坡草丛中。

4. 繁殖方法

（1）种子采集　前胡种子发芽率较高，可用种子繁殖、育苗移栽或直播。果实一般于9～10月成熟，果实呈黄白色时，用剪刀连花梗剪下，放于室内后熟一段时间，然后搓下果实，除去杂质，晾干贮存备用。

（2）适时播种

① 冬播：播种时间最好在11月上旬至翌年1月下旬开始播种，由于前胡种子发芽缓慢（天气情况比较好的需要30天以上发芽）一般年前播种完毕。将种子均匀撒于畦面，然后用竹扫帚轻轻扫平，使种子与土壤充分结合，播种量干净无杂质的种子需要3千克/亩。

② 春播：在3月上旬播种，采用穴播或条播均可，在畦上以8寸见方（1寸≈3.33厘米）开穴，穴深1寸左右。将种子拌火土灰均匀撒入穴内，然后盖一层土或草木灰，至不见种子为度。最后盖草保墒利于出苗整齐，发芽时揭去。每亩用种量2～3千克。

5. 栽培技术

（1）选地整地　前胡性喜冷凉湿润的气候，适宜肥沃而土层深厚的沙质壤土与腐殖质壤土。黏土与过于低湿地不宜栽种。在平地栽培时，须先深耕翻土，耙碎土块，做成畦地。在山坡栽培时，宜择空气流通，土质深厚处深耕，使土壤暴露，经冬季严寒风化破碎，至春季再锄地做畦。

（2）播种　选择向阳温暖的地方做苗床，精耕细作，加施入粪尿，做成平畦，然后播种，用撒种法或条播法，将种子播下，覆土盖没种子，并灌水使土地潮湿，以利发芽。

（3）移栽　播种发芽后，经培育1年，在第2年的春季3月上旬至4月中旬之间，进行移植，以行距67厘米，株距50厘米掘穴栽植。

6. 病虫防治

（1）病害　病害主要为根腐病，发病后叶片枯黄，生长停滞，根部发黑或呈褐色，水渍状，逐渐腐烂，最后枯死。低洼积水处易发此病。

防治方法：及时疏沟，不留积水；发现病株，拔除烧毁，同时可选用50%多菌灵可湿性粉剂1000倍液，50%托布津或40%根腐宁800～1000倍液浇淋消毒根部土壤，防止病菌蔓延。

（2）虫害

① 蚜虫：主要为桃蚜、胡萝卜微管蚜等，危害幼嫩叶片、茎、花等，还能传播某些病毒，影响植株发育、生长和结实等。

防治方法：可选用吡虫啉。使用时先用热水浸泡花椒，待冷却后喷洒于植株，一天2～3次。7月底以后不宜用药，可以利用天敌如瓢虫等加以控制，还可利用物理方法如黄板诱杀等。

② 蛴螬：主要为暗黑鳃金龟、铜绿丽金龟等幼虫，咬食嫩茎、根部等，使植株逐渐黄萎，严重时枯死。

防治方法：冬季深翻土地，清除杂草，消灭越冬虫卵；不使用未腐熟的有机肥料，避免虫卵混入种植地；可设置黑光灯诱杀成虫；可利用茶色食虫虻、金龟子黑土蜂等进行生物防治；还可用50%辛硫磷乳油50～100克/亩，拌麸皮等饵料3～5千克配成毒饵，施于沟内，诱杀幼虫。

（二）工具与材料

（1）做好前胡的留种、选种、播种、育苗工作。

（2）选地整地，准备好地膜、农家肥、种苗等。

（3）准备好栽培中使用的锄头、铁锹、农家肥、水及水桶、秸秆、喷雾器等。

训练任务

（一）任务安排

分组，以学习小组进行前胡繁殖方法、育苗移栽、肥水管理及病虫防治等。在实践操作过程中，组内讨论，组间交流，老师总结与评比。

（二）任务要求

（1）掌握前胡的育种及育苗移栽　提前熟悉相关知识。

（2）栽培管理　主要是掌握繁殖方法、移栽、肥水管理、病虫防治等。

（3）采收及初加工　重点把握采收时节和初加工方法。

思考与练习

（1）前胡的形态特征及药用功效有哪些？

（2）前胡如何进行繁殖？

（3）前胡丰产栽培管理措施主要有哪些？

（4）前胡主要有哪些病虫害？如何进行防治？

考核评价

前胡学习和实操任务考核评价内容和评分标准见表1-10（以小组为单位考核）。

表1-10　前胡学习和实操任务考核评价表

考核项目	内容	分值	得分
技能操作（50分）	了解当地前胡产业现状及意义	10	
	掌握前胡的繁殖方法和丰产栽培管理措施，以及病虫防治、采收和初加工	40	

续表

考核项目	内容	分值	得分
学习成效（25分）	拓展作业	5	
	实习小结	5	
	物候期实习记录表	5	
	实习总结	5	
	小组总结	5	
思想素质（25分）	安全规范生产	5	
	纪律出勤	5	
	情感态度	5	
	团结协作	5	
	创新思维（主动发现问题、解决问题）	5	
合计		100	
评价人员签字	1. 任课教师：　　　　　　2. 实习指导教师： 3. 专业带头人：　　　　　4. 园区（企业或行业）技术员：		

备注：严禁采摘损坏园区财物及产品，如有损毁，视情节和态度扣除个人成绩20~40分，小组成员同时扣除安全生产及团结协作成绩，情节严重的将按照相关处理办法进行违纪处理。

任务十一　半夏

任务目标

知识目标

（1）了解半夏形态特征、生长环境和地理分布。

（2）掌握半夏的繁殖方法。

（3）掌握半夏栽培管理技术及病虫防治。

能力目标

（1）能认识半夏品种特性及药用功效。

（2）能科学繁殖和丰产栽培半夏。

任务准备

扫码看视频

（一）知识要点

半夏源于天南星科植物。其干燥块茎入药亦称半夏，具有燥湿化痰，降逆止呕，消痞散结的功效。用于湿痰寒痰，咳喘痰多，痰饮眩悸，风痰眩晕，痰厥头痛，呕吐反胃，胸脘痞闷，梅核气；外治痈肿痰核。

1. 形态特征

半夏块茎呈圆球形，直径1～2厘米，具须根（图1-11）。叶2～5枚，有时1枚。叶柄长15～20厘米，基部具鞘，鞘内、鞘部以上或叶片基部（叶柄顶头）有直径0.3～0.5厘米的珠芽，珠芽在母株上萌发或落地后萌发；幼苗叶片卵状心形至戟形，为全缘单叶，长2～3厘米，宽2～2.5厘米；老株叶片3全裂，裂片绿色，背淡，长圆状椭圆形或披针形，两头锐尖，中裂片长3～10厘米，宽1～3厘米；侧裂片稍短；全缘或具不明显的浅波状圆齿，侧脉8～10对，细弱，细脉网状，密集，集合脉2圈。

花序柄长25～30（35）厘米，长于叶柄。佛焰苞绿色或绿白色，管部狭圆柱形，长1.5～2厘米；檐部长圆形，绿色，有时边缘青紫色，长4～5厘米，宽

图1-11　半夏

1.5厘米，钝或锐尖。肉穗花序：雌花序长2厘米，雄花序长0.5~0.7厘米，其中间隔0.3厘米；附属器绿色变青紫色，长6~10厘米，直立，有时"S"形弯曲。浆果卵圆形，黄绿色，先端渐狭为明显的花柱。花期5~7月，果8月成熟。

2. 生长环境

半夏喜生于潮湿肥沃的沙质土上，多见于房前屋后、山野溪边及林下。

3. 地理分布

我国除内蒙古、新疆、青海、西藏尚未发现野生的半夏外，全国各地广布，海拔2500米以下，东北、华北以及长江流域诸地均有分布。国外和朝鲜、日本也有分布。

4. 繁殖方法

半夏的繁殖以无性繁殖为主，主要采用直插法和插枝育苗移栽法两种。

（1）**直插法** 插植期宜选在温暖多雨的季节。海南省一般在9~10月，选生长旺盛、粗壮节密、生长期为4~5个月的植株，取中部茎的侧枝，长20~30厘米，具有6~7个节，下部3~4节褐色木栓化。用手将枝条自茎上轻轻折下，使插枝附有部分主茎的韧皮组织。切勿用刀截取，避免因损伤过多、水分消耗过大而降低成活率。采苗时一般自茎基部逐层分次向上采取，每隔15~20天采一次。采下的苗应置于阴凉地方，并要做到随采随种。

（2）**插枝育苗法** 将鲜枝条插于苗床上，待长根后再移栽于大田。采集枝条的方法及时间与直插法相同。插枝宜在阴天或傍晚剪取，最好边采边插边淋水。待翌日才插植的枝条，应在傍晚摊放在露天下，吸收露水保鲜。枝条插后即进行遮阳，早上盖棚遮阳，晚上揭开，冬季应昼夜盖棚防霜害。在海南岛则可隔两行插一行芒萁或用稻草覆盖于行间，仅露苗心，也能起到保湿、遮阳及防寒的作用。每日早晚各浇水一次。插后10天左右便发根，发根后可施用1∶8的人粪尿水3~4次，20天后除去遮阳物，1个月后即可定植。

5. 栽培技术

（1）**选地培肥** 选择向阳、土层深厚、前茬为豆科和禾本科作物，无地下杂草滋生、排水良好、富含有机质的沙壤土种植，深耕20~25厘米，做成宽1.2米的畦，畦沟宽30厘米、深15~20厘米。亩施腐熟农家细肥或土杂肥1500~2000

千克、过磷酸钙20～25千克。

（2）**适时播种**　春夏秋季均可进行播种，以春季2月下旬～3月上旬前播种为好。在畦上按行距20～25厘米开5～7厘米深的沟，沟宽15厘米左右，将块茎播于沟中，株距2～5厘米，每亩用种量60千克左右。播后用腐熟农家细肥或土杂肥撒盖种子，再浇1500～2000千克清粪水，后盖土与畦面平。畦面可用茅草、稻草覆盖1～2厘米，起到保持土壤湿润、防止杂草滋生作用。一般20天后，每2天观察一次，出苗率达60%左右时于下午6时后揭去覆盖物。

（3）**田间管理**　栽培环境阴凉而又湿润，可延长半夏生长期，推迟倒苗有利光合作用，多积累干物质。因此，加强水肥管理，是半夏增产的关键。除施足基肥外，生长期追肥4次。

① 除草：于4月上旬苗出齐后20天左右，每亩施入1∶3的人畜粪水1000千克；随时进行田间查管，发现杂草，应及时拔除，行间用条锄浅锄，深度2.5厘米左右，避免伤根。因半夏的根生长在块茎周围，其根系集中分布在12～15厘米的表上层，故中耕立浅不直深。

② 追肥：除施足底肥外，在生长中期，栽后70天左右，5月下旬珠芽形成期施第2次肥，亩用30千克油枯对水60千克浸泡3～5天，用浸出液对1000～1500千克清粪水追施，或硫酸铵10千克对清粪水1000千克追施。第3次于8月倒苗后，当于半夏露出新芽，母半夏脱壳重新长出新根时，用1∶10的粪水泼浇，每半月一次，至秋后逐渐出苗；第4次于9月上旬，半夏全苗齐苗时，每亩施入腐熟饼肥25千克、过磷酸钙20千克、尿素10千克，与沟泥混拌均匀，撒于土表，起到培土和有利灌浆的作用。

③ 培土：培土的目的是盖住珠芽，使珠芽在湿土内生根发芽，尽早形成新的植株，这是一项重要的高产技术措施。一般3月上旬前播种的，在6月初叶柄上的珠芽逐渐成熟落地，种子也陆续成熟并随植株的枯萎而倒地，所以6月10日前后应培土一次。亩用犁底层细泥200千克左右，撒盖畦面，厚约1.5厘米，盖住球芽和种子稍加镇压。用犁底层细泥培土能减少杂草滋生，是提高半夏单产的有力措施。7月15日、9月10日左右各再培土一次。

④ 灌溉排水：半夏喜湿润，怕干旱，如遇久晴干旱，应在下午6时后，上

厢3/5持续半小时排除。若雨水过多,应及时排水,避免因田间积水,造成块茎腐烂。

⑤ 摘蕾:除需要种子繁殖以外,生长期抽出的花蕾应全部摘去,使养分集中于地下块茎生长有利增产。

6. 病虫防治

(1) 叶斑病

发病特征:发病时叶片上有紫褐色病斑,后期病斑上生有许多小黑点,发病严重时,病斑布满金叶,使叶片卷曲焦枯而死。

防治方法:发病初期喷65%代森锌500倍液或1500倍苯醚甲环唑液,每8天喷一次,连续2~3次。

(2) 块茎腐烂病

发病特征:多发生在雨量过多年份的高温多湿季节。危害地下块茎,造成腐烂,随即地上部分枯黄倒苗死亡。

防治方法:① 雨季及大雨后及时疏沟排水;② 发病初期,用5%石灰乳淋穴;③ 及时防治地下害虫,可减轻危害。

(3) 病毒病

发病特征:病毒病多在夏季发生,病株叶卷缩成花叶,植株矮小、畸形。

防治方法:① 选无病植株留种;② 及时防治害虫;③ 发现病株,立即拔除,集中烧毁深埋,病穴用5%石灰乳浇灌,以防蔓延。

(4) 红天蛾

危害特征:红天峨多在夏季发生,常见幼虫咬食叶片,发生严重时可将叶片食光。

防治方法:害虫幼龄期喷90%敌百虫800倍液或喷1000倍啶虫醚液,每5~7天一次,连续2~3次。

(二) 工具与材料

(1) 做好半夏的留种、选种、育苗工作。

(2) 选地整地,准备好地膜、农家肥、种苗等。

（3）准备好栽培中使用的锄头、铁锹、农家肥、水及水桶、秸秆、喷雾器等。

📋 训练任务

（一）任务安排

分组，以学习小组进行半夏繁殖方法、育苗移栽、肥水管理及病虫防治等。在实践操作过程中，组内讨论，组间交流，老师总结与评比。

（二）任务要求

（1）<u>掌握半夏的无性繁殖及育苗移栽</u>　提前熟悉相关知识。
（2）<u>栽培管理</u>　主要是掌握繁殖方法、移栽、肥水管理、病虫防治等。
（3）<u>采收及初加工</u>　重点把握采收时节和初加工方法。

📋 思考与练习

（1）半夏的形态特征及药用功效有哪些？
（2）半夏如何进行繁殖？
（3）半夏丰产栽培管理措施主要有哪些？
（4）半夏主要有哪些病虫害？如何进行防治？

📋 考核评价

半夏学习和实操任务考核评价内容和评分标准见表1-11（以小组为单位考核）。

表1-11 半夏学习和实操任务考核评价表

考核项目	内容	分值	得分
技能操作（50分）	了解当地半夏产业现状及意义	10	
	掌握半夏的繁殖方法和丰产栽培管理措施，以及病虫防治、采收和初加工	40	
学习成效（25分）	拓展作业	5	
	实习小结	5	
	物候期实习记录表	5	
	实习总结	5	
	小组总结	5	
思想素质（25分）	安全规范生产	5	
	纪律出勤	5	
	情感态度	5	
	团结协作	5	
	创新思维（主动发现问题、解决问题）	5	
合计		100	
评价人员签字	1. 任课教师：　　　　　2. 实习指导教师： 3. 专业带头人：　　　　4. 园区（企业或行业）技术员：		

备注：严禁采摘损坏园区财物及产品，如有损毁，视情节和态度扣除个人成绩20~40分，小组成员同时扣除安全生产及团结协作成绩，情节严重的将按照相关处理办法进行违纪处理。

情境二　果实种仁类药材种植

情境目标

1. 了解果实种仁类中药材不同种类及品种特性、生长环境、地理分布等。
2. 掌握果实种仁类中药材药用功效及繁殖方法。
3. 掌握果实种仁类中药材栽培管理技术。
4. 培养中医药方面的兴趣，具有传承我国核心文化内涵的意愿；树立热爱农业、热爱家乡、热爱专业的情怀和服务"三农"的责任感，树立振兴中药材产业的志向。

任务一　瓜蒌

任务目标

知识目标

（1）了解瓜蒌形态特征、生长环境和地理分布。
（2）掌握瓜蒌的繁殖方法。
（3）掌握瓜蒌栽培管理技术及病虫防治。

能力目标

（1）能认识瓜蒌品种特性及药用功效。
（2）能科学繁殖和丰产栽培瓜蒌。

任务一 瓜蒌

扫码看视频

任务准备

(一) 知识要点

瓜蒌别称栝楼、天撤、苦瓜、山金匏,属多年生攀缘草本。以根或果实入药。用于清热涤痰,宽胸散结,润燥滑肠。用于肺热咳嗽,痰浊黄稠,胸痹心痛,结胸,可抗溃疡、抗衰老。

1. 形态特征

瓜蒌为攀缘藤本植物(图2-1),长达10米,块根圆柱状,粗大肥厚,富含淀粉,淡黄褐色。茎较粗,多分枝,具纵棱及槽,被白色伸展柔毛。叶片纸质,轮廓近圆形,长、宽均5~20厘米,常有3~5厘米浅裂、中裂、稀深裂或不分裂,仅有不等大的粗齿,裂片菱状倒卵形、长圆形,先端钝,急尖,边缘常再浅裂,叶基心形,弯缺深2~4厘米,上表面深绿色,粗糙,背面淡绿色,两面沿脉被长柔毛状硬毛,基出掌状脉5条,细脉网状;叶柄长3~10厘米,具纵条纹,被长柔毛。

瓜蒌花雌雄异株。雄总状花序单生,或与一单花并生,或在枝条上部者单生,总状花序长10~20厘米,粗壮,具纵棱与槽,被微柔毛,顶端有5~8花,单花花梗长约15厘米,小苞片倒卵形或阔卵形,长1.5~2.53厘米,宽1~2厘米,中上部具粗齿,基部具柄,被短柔毛;花萼呈筒状,长2~4厘米,顶端扩大,径约1厘米,中、下部径约0.5厘米,被短柔毛,裂片披针形,长1~1.5厘米,宽0.3~0.5厘米,全缘;花冠白色,裂片倒卵形,长2厘米,宽1.8厘米,顶端中央具一绿色尖头,两侧具丝状流苏,被柔毛;花药靠合,长约0.6厘米,径约0.4厘米,花丝分

图2-1 瓜蒌

离，粗壮，被长柔毛。雌花单生，花梗长7.5厘米，被短柔毛；花萼筒圆筒形，长2.5厘米，径1.2厘米，裂片和花冠同雄花；子房椭圆形，绿色，长2厘米，径1厘米，花柱长2厘米，柱头3厘米。

果梗粗壮，长4~11厘米；果实椭圆形或圆形，长7~10.5厘米，成熟时黄褐色或橙黄色；种子卵状椭圆形，压扁，长1.1~1.6厘米，宽0.7~1.2厘米，淡黄褐色，近边缘处具棱线。花期5~8月，果期8~10月。

2. 生长环境

瓜蒌较耐寒，不耐干旱。选择向阳、土层深厚、疏松肥沃的沙质壤土地块栽培为好。不宜在低洼地及盐碱地栽培。

3. 地理分布

瓜蒌分布于我国华北、华东、中南，以及辽宁、陕西、甘肃、四川、贵州和云南。生于海拔200~1800米的山坡林下、灌丛中、草地和村旁田边。因双边瓜蒌为传统中药，故在其自然分布区内外，人们广为栽培。

4. 繁殖方法

（1）分根繁殖 3月中下旬挖取3~5年生断面白色新鲜的健壮雌株的瓜蒌老根，分成7~10厘米的小段，穴栽，浇足水，10余天出苗，每年结合中耕施追肥2~3次。

（2）种子繁殖 9~10月采收果实，待果皮稍软，取出种子以草木灰拌种擦去果肉，干藏过冬；也可带果梗悬挂于通风处。冷床育苗在早春进行，将种子尖头插入土中，常喷水保持苗床湿润、待种子萌动时，开始通气，床温控制在22℃左右，约10日后出土，见真叶伸出即可上盆或分栽培育。直播在4月进行，选择土壤肥沃，排水良好之地，开穴施足基肥，穴距30~40厘米。覆土后点播种子，再盖厚2厘米泥，约半个月出土，当有真叶2片时每穴留苗1株，待蔓长至50厘米时插引杆。

5. 栽培技术

（1）种苗块根处理 瓜蒌种苗块根用多菌灵400倍液浸种消毒，浸种2小时后捞起，在清洁场地晾干水分后待种植。推广6米开厢起垄栽培，栽植株行距3米×1米，亩栽植200株。

（2）架网搭设　每亩立水泥柱70根，主线用2.0毫米钢丝，围线用3.0毫米的钢绞线，辅线采用1.6毫米的镀锌钢丝，辅线拉成田字格，上面铺设瓜蒌专用网，网格要求14厘米×14厘米。

（3）定苗扶苗　定苗就是苗子有20～30厘米长，选择一株健壮有长势的苗子作为生长苗，其他弱小苗全部剪掉，扶苗用攀缘物（小树枝、珠子、毛线、编制绳等）尽快往架上引，生长苗架平面以下的权枝和幼瓜全部剪掉，架平面以下只留主藤。

（4）田间管理　栽种后，每年春、冬季各中耕除草一次。每次中耕除草后，均结合施肥。当茎蔓生长至30厘米以上时，需搭棚架引蔓上架。茎蔓上架后，注意修枝打权，去掉弱蔓、徒长茎蔓，过多腋芽分枝，促使养分集中，以利结果。开花结果期应进行人工授粉，重施基肥。

瓜蒌栽后2～3年开始结果，因开花期较长，果实成熟不一致，需分批及时采摘。然后将果实悬于通风处晾干，即为全瓜蒌。将鲜瓜蒌果实用刀切开，将种子取出晾干，即为瓜蒌种子，皮为瓜蒌皮，将根挖出晒干即为天花粉。

6. 病虫防治

瓜蒌主要有"二病五虫"，"二病"指炭疽病、蔓枯病；"五虫"指瓜绢螟、瓜实蝇、黄守瓜、蚜虫和透翅蛾。山区瓜蒌病虫害综合防治要贯彻"预防为主，综合防治"的方针。以健身栽培为基础，农业防治为重点，药剂防治为辅助，做到病虫早期防治，其中病在于预防，虫在于适期防治。要减少用药次数，合理使用低毒高效农药，尽量按绿色食品的标准进行生产，以提高种植效益，增加农民收入。

① 炭疽病：发病初期重点防治，发现早期病株除及时将病残体清理出瓜园深埋烧毁外，还要抢晴天喷药防治。可用86.2%铜大师1000～1400倍液，或多菌灵可湿性粉剂800倍液，或25%百菌清600倍液，或10%世高可分散剂6000～7000倍液喷雾防治，隔周喷一次，轮换用药品种，连喷2～3次。

② 蔓枯病：出苗期重点防治，可用40%杜邦福星乳油800倍液进行茎基部喷雾，或5%菌毒清300～500倍液灌根或全田喷雾，隔4～5天再防治一次，以后视病情而定。

③ 瓜实蝇：6～9月是该虫的为害盛期，它在幼果皮内产卵，孵化，蛀食瓜果，破损瓜皮组织，影响籽胚发育，使瓜子不实，增加瘪子，瓜子产量下降，是瓜蒌的主要害虫。在6月底7月初坐果稳定后，可用48%乐斯本乳油2000倍液防治，同时兼治黄守瓜、蚜虫等害虫；或用2.5%敌死克乳油2000倍液喷雾或4.5%氯氟氰菊酯乳油2500倍液防治。在晨露干后或傍晚用药效果较好。在初果期3～5天喷一次，连喷2～3次。

瓜实蝇也可用引诱法防治：用糖1份、敌百虫1份，加适量（15～20份）的西瓜、香蕉、南瓜等，捣碎拌作毒饵，盛在竹筒内挂放在瓜棚下诱杀成虫，亩设20个点，每周更换一次。

④ 瓜绢螟：该虫已成山区瓜蒌最严重的害虫之一。7月下旬及8月初秋雨绵绵，极利该虫发生为害，个别农户因防治不及时而暴发成灾。该虫的最佳防治时间是太阳下山后的傍晚，可用20%绿佳达1000～1500倍液，或5%美除1500倍液，或乐斯本2000倍液均匀喷雾。不同药剂轮换使用，以提高防效。同时，及时清理瓜地内虫残落叶落瓜，集中填埋烧毁，以减少虫源，降低害虫基数。

⑤ 黄守瓜：近似萤火虫，也称黄萤，5月上旬开始产卵，主要为害叶片。防治可用人工振落捕杀。在开花前期用4.5%氯氟氰菊酯乳油2500倍液，或10%吡虫啉1200倍液，或50%辛硫磷乳油500倍液喷雾防治，并兼治蚜虫。

⑥ 蚜虫：成虫在叶片、嫩芽和嫩茎上刺吸汁液，可使叶片卷缩变形、萎缩，并引起病毒病。幼苗期尤其需要加强防治，可用2.5%臭氰菊酯3000倍液或10%吡虫啉1200倍液喷雾。

⑦ 透翅蛾：幼虫食害茎蔓，从表皮进入内部，茎受刺激膨大成虫瘿，严重时，整株枯死。可用4.5%氯氟氰菊酯乳油2500倍液防治。

⑧ 根结线虫病：其发病特点是由根结线虫引起，主要发生在根部的侧根和细根上，形成许多黄色小瘤，主根弱。发病轻时，植株生长慢、叶片小，发病重时，植株矮化、瘦弱、长势差、结果少而小。药剂防治是建议使用国光金美根1000克/亩拌土撒施或者使用国光毙害克1000～1500倍进行灌根防治或阿维菌素颗粒400倍撒施防治。

（二）工具与材料

（1）做好瓜蒌的留种、选种、种苗工作。

（2）选地整地，准备好地膜、农家肥、种苗等。

（3）准备好栽培中使用的锄头、铁锹、农家肥、水及水桶、秸秆、喷雾器等。

训练任务

（一）任务安排

分组，以学习小组进行瓜蒌分根繁殖和种子繁殖方法、育苗移栽、肥水管理及病虫防治等。在实践操作过程中，组内讨论，组间交流，老师总结与评比。

（二）任务要求

（1）掌握瓜蒌的分根繁殖、种子繁殖方法及育苗移栽　提前熟悉相关知识。

（2）栽培管理　主要是掌握繁殖方法、移栽、肥水管理、病虫防治等。

（3）采收及初加工　重点把握采收时节和初加工方法。

思考与练习

（1）瓜蒌的形态特征及药用功效有哪些？

（2）瓜蒌如何进行繁殖？

（3）瓜蒌丰产栽培管理措施有哪些？

（4）瓜蒌主要有哪些病虫害？如何进行防治？

考核评价

瓜蒌学习和实操任务考核评价内容和评分标准见表2-1（以小组为单位考核）。

表2-1 瓜蒌学习和实操任务考核评价表

考核项目	内容	分值	得分
技能操作（50分）	了解当地瓜蒌产业现状及意义	10	
	掌握瓜蒌的繁殖方法和丰产栽培管理措施，以及病虫防治、采收和初加工	40	
学习成效（25分）	拓展作业	5	
	实习小结	5	
	物候期实习记录表	5	
	实习总结	5	
	小组总结	5	
思想素质（25分）	安全规范生产	5	
	纪律出勤	5	
	情感态度	5	
	团结协作	5	
	创新思维（主动发现问题、解决问题）	5	
合计		100	
评价人员签字	1. 任课教师：　　　　　2. 实习指导教师： 3. 专业带头人：　　　　4. 园区（企业或行业）技术员：		

备注：严禁采摘损坏园区财物及产品，如有损毁，视情节和态度扣除个人成绩20~40分，小组成员同时扣除安全生产及团结协作成绩，情节严重的将按照相关处理办法进行违纪处理。

任务二　银杏

📋 任务目标

知识目标
（1）了解银杏形态特征、生长环境和地理分布。
（2）掌握银杏的繁殖方法。
（3）掌握银杏栽培管理技术及病虫防治。

能力目标
（1）能认识银杏品种特性及药用功效。
（2）能科学繁殖和丰产栽培银杏。

📋 任务准备

扫码看视频

（一）知识要点

银杏，别称公孙树、鸭脚树、蒲扇，属落叶乔木。银杏出现在几亿年前，是第四纪冰川运动后遗留下来的裸子植物中最古老的孑遗植物，目前银杏科仅存银杏属植物银杏1种，且现存活在世的银杏稀少而分散，故银杏又有"活化石"的美称。

裸子植物由于具有种子裸露在外，表面没有果皮包裹的特征，因此裸子植物又称为种子植物。银杏的种子入药称为白果，具有良好的止咳平喘之效，可以治疗肺结核，因此银杏又名白果树。然而，银杏生长较慢，寿命极长，在自然条件下从栽种到长出银杏种子需要二十多年，四十年后才能大量结子，因此又有人把它称作"公孙树"，即"公种而孙得食"之意。银杏是树中的老寿星，具有观赏、经济、药用价值。

1. 形态特征

银杏幼树树皮浅纵裂，大树之皮呈灰褐色、深纵裂、粗糙，有长枝与生长缓慢的距状短枝。幼年及壮年树冠圆锥形,老则广卵形;枝近轮生,斜上伸展(雌株的大枝常较雄株开展);一年生的长枝淡褐黄色,二年生以上变为灰色,并有细纵裂纹;短枝密被叶痕,黑灰色,短枝上也可长出长枝;冬芽黄褐色,常为卵圆形,先端钝尖。

叶互生,在长枝上辐射状散生,在短枝上3~5枚成簇生状,有细长的叶柄,扇形,两面淡绿色,无毛,有多数叉状并列细脉,顶端宽5~8厘米,在短枝上常具波状缺刻,在长枝上常2裂。基部宽楔形,柄长3~10厘米(多为5~8厘米),幼树及萌生枝上的叶常较大而深(叶片长达13厘米、宽15厘米),有时裂片再分裂(这与较原始的化石种类之叶相似)。叶在一年生长枝上螺旋状散生,在短枝上3~8叶呈簇生状,秋季落叶前变为黄色(图2-2)。

图2-2 银杏

球花雌雄异株,单性,生于短枝顶端的鳞片状叶的腋内,呈簇生状;雄球花葇荑花序状,下垂,雄蕊排列疏松,具短梗,花药常2个,长椭圆形,药室纵裂,药隔不发达;雌球花具长梗,梗端常分两叉,稀3~5叉或不分叉,每叉顶生一盘状珠座,胚珠着生其上,通常仅一个叉端的胚珠发育成种子,风媒传粉。

种子具长梗,下垂,常为椭圆形、长倒卵形、卵圆形或近圆球形,长2.5~3.5厘米,径为2厘米,外种皮肉质,熟时黄色或橙黄色,外被白粉,有臭味；假种皮骨质，白色；内种皮膜质，淡红褐色；胚乳肉质，味甘略苦；子叶2枚，稀3枚，发芽时不出土，初生叶2~5片，宽条形，长约0.5厘米，宽约0.2厘米，先端微凹，第4或第5片起之后生叶扇形，先端具一深裂及不规则的波状缺刻，叶柄长0.9~2.5厘米；有主根。花期3~4月，种子9~10月成熟。

2. 生长环境

银杏为喜光树种，深根性，对气候、土壤的适应性较宽，能在高温多雨及雨量稀少、冬季寒冷的地区生长，但生长缓慢或不良；能在酸性土壤（pH4.5）、石灰性土壤（pH8）及中性土壤生长，但不耐盐碱土及过湿的土壤。以生于海拔1000米（云南1500~2000米）以下，气候温暖湿润，年降水量700~1500毫米，土层深厚、肥沃湿润、排水良好的地区生长最好；在土壤瘠薄干燥、多石山坡过度潮湿的地方均不晚成活或生长不良。

3. 地理分布

银杏最早出现于3.6亿年前的石炭纪。曾广泛分布于北半球的欧、亚、美洲，中生代侏罗纪银杏曾广泛分布于北半球，白垩纪晚期开始衰退。至50万年前，在欧洲、北美和亚洲绝大部分地区灭绝。目前，银杏属我国特产，仅浙江天目山有野生状态的树木。银杏分布大都属于人工栽培区域，中国的银杏栽培区域广阔：北自沈阳，南达广州，东起华东海拔40~1000米地带，西南至贵州、云南西部（腾冲市）海拔2000米以下地带均有栽培。此外，法国、美国南卡罗莱纳州、韩国及日本也有栽培。

4. 繁殖方法

银杏的繁殖方法很多，大致有播种、分蘖、扦插、嫁接4种方法。

（1）**播种繁殖** 秋季种子采收后，去掉外种皮，将带中果皮的种子晒干，当年即可冬播或翌年春播。播种时，将种子胚芽横放在播种沟内，播后覆土3~4厘米厚并压实。当年幼苗可长至15~25厘米高，秋季落叶后，即可移植。

必须注意的是，播种繁殖要建立专门的苗圃。苗圃应选地势较高、排水良好、水源充足、灌溉方便的地方，同时要精耕细作，整平地面，施足底肥，并要注意防治地下害虫。播种数量，视白果大小而定，一般每亩播种25千克左右，可出苗1.5万~2万株。开沟播种时，先浇底水，再将白果侧放于沟内，如已出芽，将芽尖向下放置，然后覆土约3厘米即告结束。

如条件允许，覆土后应再盖一层塑料薄膜，以保持其湿度和温度。当胚芽出土后适当通气，逐渐揭开薄膜。6月份以后，有条件的应进行遮阳。第一年银杏苗木嫩弱，不宜施过量的化肥，要掌握薄肥淡施。如遇大雨，要及时放水并要适时松土。

（2）分蘖繁殖　利用银杏树的根际萌蘖进行，分蘖繁殖是一种常用的方法。银杏树由于大砧高接，大树根部易产生大量的萌蘖，任其自然生长多年，则可形成"怀中抱子"的银杏园林风景。如果切除根蘖繁育苗木，不但节省种子，而且生长快，开花结果早。

分蘖繁殖可采用两种方法：一种是利用原有根蘖切离繁殖，另一种是挖沟断根促发新蘖繁殖。利用原根蘖切离繁殖是最简便的一种方法。每年7~8月，在根蘖茎部先进行环形剥皮后培土，经过1个多月后环剥处就能发出新根，翌年春天就可切离母体直接定植。

挖沟断根促发新蘖是在秋季进行，在大银杏树附近适当的地方，挖深宽各50厘米的环状沟，切断侧根，再填入混有肥料的土壤，生长一年即可切离形成新苗。利用分蘖繁殖的小苗，可以直接定植，不需在苗圃里再进行培育，因此，名为分蘖育苗，实为分蘖定株。

（3）扦插繁殖　扦插繁殖分为老枝扦插和嫩枝扦插两种。老枝扦插一般于春季3~4月剪取母株上一二年生健壮、充实的枝条，剪成每段10~15厘米长的插条，扦插于细黄沙或疏松的土壤中，插后浇足水，保持土壤湿润，约40天即可生根。成活后，进行正常管理。翌年春季即可移植。此法适用于大面积绿化育苗等。

嫩枝扦插是在7月上旬，取下当年生半木质化枝条，剪成2芽一节的插穗或3芽一节的插穗，用0.01%ABT生根粉（一种植物生长促进剂）浸泡后，插入透气砂质土壤苗床，注意遮阴，保持空气湿度，待发根后再带土移栽普通苗床。

（4）嫁接繁殖　嫁接繁殖是银杏栽培中主要的繁殖方法，可提早结果，使植株矮化、丰满、丰产。一般于春季3月中旬~4月上旬采用皮下枝接、剥皮接或切接等方法进行嫁接。接穗多选自20~30年生、生长力强、结果旺盛的植株。一般选用3~4年生枝上具有4个左右的短枝作接穗,每株一般接3~5枝。嫁接后5~8年开始结果。

5. 栽培技术

（1）**土地选择** 银杏寿命长，一次栽植长期受益，因此土地选择非常重要。银杏属喜光树种，应选择坡度不大的阳坡为造林地。对土壤条件要求不严，但以上层厚、土壤湿润肥沃、排水良好的中性或微酸性土为好。

（2）**栽植** 合理配植授粉树，银杏是雌雄异株植物，要达到高产，应当合理配植授粉树。选择与雌株品种、花期相同的雄株，雌雄株比例是（25~50）：1。配植方式采用5株或7株间方中心式，也可四角配植。

（3）**合理密植** 银杏早期生长较慢，密植可提高土地利用率，增加单位面积产量。一般采用2.5米×3米或3米×3.5米株行距、每亩定植88株或63株，封行后进行移栽，先从株距中隔一行移一行，变成5米×3米或6米×3米株行距，每亩44株或31株，隔几年又从原来行距里隔一行移植一行，成5米×6米或6米×7米株行距，每亩定植22株或16株。

（4）**苗木规格** 良种壮苗是银杏早实丰产的物质基础，应选择高径比50：1以上，主根长30厘米，侧根齐，当年新梢生长量30厘米以上的苗木进行栽植。此外，苗木还须有健壮的顶芽，侧芽饱满充实，无病虫害。

（5）**栽植时间** 银杏以秋季带叶栽植及春季发叶前栽植为主，秋季栽植在10~11月进行，可使苗木根系有较长的恢复期，为翌年春地上部发芽做好准备。春季发芽前栽植，由于地上部分很快发芽根系没有足够的时间恢复，所以生长不如秋季栽植好。

（6）**栽植方法** 银杏栽植要按设计的株行距挖栽植窝，规格为（0.5~0.8）米×（0.6~0.8）米，窝挖好后要回填表土，施发酵过的含过磷酸钙的肥料。栽植时，将苗木根系自然舒展，与前后左右苗木对齐，然后边填土边踏实。栽植深度以培土到苗木原土印上2~3厘米为宜，不要将苗木埋得过深。定植好后及时浇定根水，以提高成活率。

6. 病虫防治

银杏的病害主要有缩叶病、褐腐病、疮痂病等。茼养者可在病发期喷用

0.5~1°Bé的石硫合剂或配比为1∶1∶100的波尔多液；冬季落叶后喷4~5%的石硫合剂。对褐腐病可用65%代森锌可湿性粉剂500~1000倍液，还可用50%的退菌特可湿性粉剂500~1000倍液进行有效喷治。

银杏的虫害主要有蛀螟、蚜虫、卷叶蛾等。莳养者可用10%吡虫啉1200倍液，或2%氯氰菊酯乳油剂1000~1500倍液进行有效喷治。

银杏病虫害的防治要从采种、育苗、管理等种植的整个过程通过科学的手段进行控制，利用一切途径切断病虫害的来源。需要在种植园区内定点配置捕虫灯，定期进行喷洒药物预防病虫害。一旦发现植株受病虫害影响，立即进行喷药处理。

（二）工具与材料

（1）做好银杏的留种、选种、种苗工作。

（2）选地整地，准备好地膜、农家肥、种苗等。

（3）准备好栽培中使用的锄头、铁锹、农家肥、水及水桶、秸秆、喷雾器等。

训练任务

（一）任务安排

分组，以学习小组进行银杏种子繁殖、分蘖繁殖、扦插繁殖、嫁接繁殖方法、育苗移栽、肥水管理及病虫防治等。在实践操作过程中，组内讨论，组间交流，老师总结与评比。

（二）任务要求

（1）掌握银杏的种子繁殖、分蘖繁殖、扦插繁殖、嫁接繁殖方法及育苗移栽提前熟悉相关知识。

（2）<u>栽培管理</u>　主要是掌握繁殖方法、移栽、肥水管理、病虫防治等。

（3）<u>采收及初加工</u>　重点把握采收时节和初加工方法。

思考与练习

（1）银杏的形态特征及药用功效有哪些？

（2）银杏如何进行繁殖？

（3）银杏丰产栽培管理措施主要有哪些？

（4）银杏主要有哪些病虫害？如何进行防治？

考核评价

银杏学习和实操任务考核评价内容和评分标准见表2-2（以小组为单位考核）。

表2-2　银杏学习和实操任务考核评价表

考核项目	内容	分值	得分
技能操作（50分）	了解当地银杏产业现状及意义	10	
	掌握银杏的繁殖方法和丰产栽培管理措施，以及病虫防治、采收和初加工	40	
学习成效（25分）	拓展作业	5	
	实习小结	5	
	物候期实习记录表	5	
	实习总结	5	
	小组总结	5	
思想素质（25分）	安全规范生产	5	
	纪律出勤	5	
	情感态度	5	
	团结协作	5	
	创新思维（主动发现问题、解决问题）	5	
合计		100	
评价人员签字	1. 任课教师：　　　　2. 实习指导教师： 3. 专业带头人：　　　4. 园区（企业或行业）技术员：		

备注：严禁采摘损坏园区财物及产品，如有损毁，视情节和态度扣除个人成绩20~40分，小组成员同时扣除安全生产及团结协作成绩，情节严重的将按照相关处理办法进行违纪处理。

任务三　八月瓜

任务目标

知识目标
（1）了解八月瓜形态特征、生长环境和地理分布。
（2）掌握八月瓜的繁殖方法。
（3）掌握八月瓜栽培管理技术及病虫防治。

能力目标
（1）能认识八月瓜品种特性及药用功效。
（2）能科学繁殖和丰产栽培八月瓜。

任务准备

扫码看视频

（一）知识要点

八月瓜，学名三叶木通，又名中华肾果、牛腰子果、六月瓜、小八瓜、黄狗肾、木王瓜、八月果、野人瓜等。生长于山林阴湿沟洼地带，广泛分布在湖南、广东、江西、湖北、四川等地。八月瓜果肉营养丰富，乳白多汁、香甜滑嫩，清润芬芳、美味可口，富含多种可溶性果糖、氨基酸、蛋白质、维生素以及人体所需的钙、磷、铁、锌、硒等元素，其中氨基酸种类丰富，有缬氨酸、甲硫氨酸、异亮氨酸、苯氨酸、赖氨酸等17种。八月瓜的根、茎、叶、花、果、籽、果皮均可入药，据《中草药大辞典》介绍，其根主治顽癣、斑秃及皮肤病；茎有疏肝补肾、止痛消炎、利尿除湿、理气散结等作用。同时，果实可加工成果茶饮品，果籽含油40%左右可提炼出籽油，果皮和果汁可提炼出高附加值的果胶。

1. 形态特性

八月瓜为常绿木质藤本植物。茎与枝具明显的线纹。掌状复叶有小叶3～9片；叶柄稍纤细，长3.5～10厘米；小叶近革质，卵形、卵状长圆形、狭披针形或线状披针形，长5.5~14厘米，宽3.5（2.5）~5厘米，先端渐尖或尾状渐尖，基部圆或阔楔形，有时近截平，上面暗绿色，有光泽，下面淡绿色；侧脉每边5~6条，至近叶缘处网结，与中脉及纤细的网脉均于下面清晰凸起；小叶柄纤细，长2~4厘米，中间一枚最长（图2-3）。

图2-3　八月瓜

花数朵组成伞房花序式的总状花序；总花梗纤细，长1~3.5（5）厘米，数枚簇生于叶腋，基部覆以阔卵形至近圆形的芽鳞片。雄花：绿白色，外轮萼片长圆形，长1.2~1.5厘米，宽0.4~0.5厘米，先端钝，内轮的较狭，长圆状披针形，先端急尖；花瓣极小，倒卵形，长不及0.1厘米；雄蕊长约1.2厘米，花丝线形，长约0.7厘米，稍粗，花药长约0.5厘米，顶具短凸头，退化心皮小，卵状锥形，长约0.15厘米。雌花：紫色，外轮萼片卵状长圆形，长约2.2厘米，宽0.7~0.8厘米，内轮的较狭和较短；退化雄蕊小，花药棒状；花瓣小；心皮长圆形或圆锥状，柱头无柄，偏斜。果为不规则的长圆形或椭圆形，熟时红紫色，长（3）5~7厘米，直径2~2.5厘米，两端钝而顶常具凸头，外面密布小疣凸；种子多数，倒卵形，种皮褐色。花期4~5月，果期7~9月。

2. 生长环境

八月瓜属浅根性树种，有喜光特性，必须选择阳光充足的地方栽培，要求土层深厚，肥沃，排灌方便。土壤酸碱度选择微酸至微碱，表土要求含较多的腐殖质。

3. 地理分布

八月瓜分布于中国、印度（东北部）、不丹和尼泊尔。在我国分布于云南、贵州、四川、江西和西藏东南部（亚东县、错那县、林芝市巴宜区、波密县、察隅县）。生长于海拔600～2600米的山坡、山谷密林林缘。

在贵州长顺县境内，仅在营盘乡偏僻的喀斯特山地有零星分布，经常生长在海拔1000～1400米的阳坡疏林间或灌木林中，喜微碱性、湿润、腐殖质多的山地土壤，但均处于自然零星生长状态。

4. 繁殖方法

（1）**播种** 9～10月八月瓜果实成熟，将食用后留下的种子及时秋播或用湿沙混合贮藏，到翌年3～4月播种。种子播种前，先用碱水搓洗，再用清水漂洗干净，沥干水分待用。宜选择沙壤土作苗床，床宽1.5米，床长根据地块决定，床高15厘米。在苗床上按行距20厘米开横浅沟，沟深3～5厘米，将备好的种子每沟均匀地播入约100粒。播种后施腐熟人畜粪尿并盖草木灰，最后盖细土约1.5厘米。秋播以秋分后为宜，春播以惊蛰后为宜。秋播覆土厚度1～1.5厘米，春播覆土厚度0.5～1.5厘米。种子于4月中下旬发芽出土，此时注意遮阳、灌溉，保持苗床湿润。待苗出齐后中耕除草，结合中耕除草追肥，当幼苗4～5厘米时可间苗，每隔5厘米留1株，同时用带枝的小竹条间插行中，以供幼苗攀缘，促进幼苗生长。整个苗木生长期要做到苗床无杂草，土壤湿润。干旱时要及时浇水，雨季要开沟排水，以免积水烂根。适时追肥，加速幼苗生长。2年后苗木可移栽。种子繁殖简单易行。

（2）**压条** 八月瓜藤茎萌芽力强，宜在夏秋季将藤蔓弯曲，压入土中，待生根后剪断与老株的连接部，再行分栽。压条繁殖很简单，但无法生产出大量的苗木。

（3）**扦插** 选择经营条件较好的沙性土壤做扦插苗圃地，插前先对苗圃地进行深耕细耙和消毒处理，并施1500千克/亩充分腐熟的农家肥，然后按宽1.3米开厢，使插床厢面宽达1.1米，步道宽0.2米，床面高出步道0.1米，然后在厢面上铺放厚6厘米的草木灰。在雨季或冬季的时候，剪采半木质化或已木质化的藤茎做插穗，长为20厘米左右，有2~4个节间，去掉顶梢，保留上半部藤茎上的叶片，以便进行光合作用促进插条生根。插穗下切口斜切位于叶或腋芽之下。扦插深度3~5厘米，株行距10厘米×10厘米。扦插时间宜在早晨或傍晚，插穗要随采随剪随插。来不及扦插的插穗，要立即用湿润材料覆盖，以免干燥。扦插后要及时喷水，保持苗床湿润，并要注意搭架遮阳，防止水分过多蒸腾。扦插后100天左右即可生根发芽。

5. 栽培技术

（1）选地整地　施基肥选择在海拔300~600米，土层深厚、土壤肥沃、排灌方便的土壤种植。头年12月或当年1月深耕翻晒地后再整地。深耕整地前先将地上杂草清除一遍，再将老根挖起、老藤清理干净。在2月中下旬再整地，挖好长、宽均为40厘米，深35厘米的种植穴。移栽前20天，每穴施腐熟农家肥4~5千克、过磷酸钙1千克作基肥，将肥料与种植穴内的细土充分拌匀。

（2）选种　八月瓜苗应选择青皮、黄蜡、紫皮的鲜食品种建立生产基地。种苗选择一年生的实生或嫁接的须根多的健壮苗。

（3）搭棚　在移栽前搭好棚架。将2.4米长的水泥桩（12厘米×12厘米），按2.0米×3.5米的距离立杆，拉铁丝，将后端埋入土中，并选几根铁丝深埋入土中防雷雨天时打雷伤人，拉好网线。

（4）种植　在2月中下旬至3月初移栽种植八月瓜。种植密度为每亩95~111穴（每穴两株），即平地种植株行距为2.0米×3.5米，每亩种植95穴、190株，山地种植株行距为2.0米×3.0米，每亩种植111穴、222株。种植时，选择阴天先将种苗放在种植穴中央让根自然散开，再用原来拌和好的肥土培填压实并浇足定根水。

（5）种植后的管理

① 引蔓上架：4月中旬，选用长1.8~2.0米的干竹竿做八月瓜攀缘架，苗长到高约35厘米高时用绑带绑引蔓藤上竹竿；在蔓藤长到高约70厘米和120厘米时再分两次将其蔓藤绑引在竹竿上架。在蔓藤没上架前保留主蔓摘除所有侧蔓，上架后打顶留4个侧蔓让其引向四方生长。

② 追肥：八月瓜种植当年不用追肥，翌年2月上旬结合中耕除草施萌芽肥，

每穴施45%硫酸钾复合肥（15∶15∶15）0.4~0.6千克。8月上旬结合培土除草施壮果肥，每穴施45%硫酸钾复合肥（15∶15∶15）0.3~0.4千克，此次结合浇施水溶性肥料，可有效促进八月瓜果实膨大。11月下旬至12月中旬结合修剪清园施越冬肥，每穴施腐熟猪牛栏肥3~4千克、硫酸钾0.25千克。

③ 水分管理：八月瓜生长期间以保持土壤湿润为原则。移栽后30天内，若连续4天晴天一定要浇活苗水。4月上旬至6月中旬连续下雨期要清沟排水防涝；6月下旬至9月下旬若遇连续干旱降雨量少时要灌"跑马水"。

④ 除草：种植八月瓜除草应结合追肥和中耕进行。八月瓜种植后第一年，因空地面积较大，杂草生长很快，在5月底用10%精喹禾灵乳油500~600倍液喷施可有效地控制杂草为害。若结合套种罗汉果或百香果，既可增加经济收入又可控制杂草为害，是一种较好的种植方法。

6. 病虫害防治

八月瓜的主要病害是炭疽病、角斑病和圆斑病等。11~12月要剪除病虫枝，刮除病斑，净园清除落叶病枝；在3月上旬喷施5°Bé石硫合剂，在5月中旬喷施70%甲基硫菌灵可湿性粉剂600倍液防治炭疽病、角斑病、圆斑病；在果实生长期，应根据气候情况选择性用75%百菌清可湿性粉剂400~500倍液喷施防治炭疽病。

八月瓜的主要害虫是梢鹰夜蛾、红蜘蛛、茶黄毒蛾、金龟子、蛀干天牛、吹绵蚧、蚜虫等。要做好冬季清园，灭除越冬虫蛹、虫卵。适时用药防治和人工捕捉，并结合采用悬挂黄色粘虫板或糖醋液诱杀等措施进行综合防治。

（二）工具与材料

（1）做好八月瓜的留种、选种、种苗以及扦插用枝条工作。

（2）选地整地、搭棚，准备好地膜、农家肥、种苗等。

（3）准备好栽培中使用的锄头、铁锹、农家肥、水及水桶、秸秆、喷雾器等。

训练任务

（一）任务安排

分组，以学习小组进行八月瓜的种子繁殖、压条繁殖和扦插繁殖方法、育苗移栽、肥水管理及病虫防治等。在实践操作过程中，组内讨论，组间交流，老师总结与评比。

（二）任务要求

（1）掌握八月瓜的种子繁殖、压条繁殖和扦插繁殖方法及育苗移栽 提前熟悉相关知识。

（2）栽培管理 主要是掌握繁殖方法、移栽、肥水管理、病虫防治等。

（3）采收及初加工 重点把握采收时节和初加工方法。

思考与练习

（1）八月瓜的形态特征及药用功效有哪些？

（2）八月瓜如何进行繁殖？

（3）八月瓜丰产栽培管理措施主要有哪些？

（4）八月瓜主要有哪些病虫害？如何进行防治？

考核评价

八月瓜学习和实操任务考核评价内容和评分标准见表2-3（以小组为单位考核）。

情境二 果实种仁类药材种植

表2-3 八月瓜学习和实操任务考核评价表

考核项目	内容	分值	得分
技能操作（50分）	了解当地八月瓜产业现状及意义	10	
	掌握八月瓜的繁殖方法和丰产栽培管理措施，以及病虫防治、采收和初加工	40	
学习成效（25分）	拓展作业	5	
	实习小结	5	
	物候期实习记录表	5	
	实习总结	5	
	小组总结	5	
思想素质（25分）	安全规范生产	5	
	纪律出勤	5	
	情感态度	5	
	团结协作	5	
	创新思维（主动发现问题、解决问题）	5	
合计		100	
评价人员签字	1. 任课教师：　　　　2. 实习指导教师： 3. 专业带头人：　　　4. 园区（企业或行业）技术员：		

备注：严禁采摘损坏园区财物及产品，如有损毁，视情节和态度扣除个人成绩20~40分，小组成员同时扣除安全生产及团结协作成绩，情节严重的将按照相关处理办法进行违纪处理。

情境三　植物全草类药材种植

情境目标

1. 了解植物全草类中药材藿香的品种特性、生长环境、地理分布等。
2. 掌握植物全草类中药材藿香的药用功效及繁殖方法。
3. 掌握植物全草类中药材藿香的栽培管理技术。
4. 培养中医药方面的兴趣，具有传承我国核心文化内涵的意愿；树立热爱农业、热爱家乡、热爱专业的情怀和服务"三农"的责任感，树立振兴中药材产业的志向。

任务　藿香

任务目标

知识目标

（1）了解藿香形态特征、生长环境和地理分布。

（2）掌握藿香的繁殖方法。

（3）掌握藿香栽培管理技术及病虫防治。

能力目标

（1）能认识藿香品种特性及药用功效。

（2）能科学繁殖和丰产栽培藿香。

任务准备

扫码看视频

（一）知识要点

藿香，别称合香、苍告、山茴香等，属唇形目唇形科藿香属，茎直立、四棱形，叶心状卵形至长圆状披针形，味辛、性温。煎汤或入丸、散外用，主含挥发油、胡萝卜素、维生素等成分。据《本草纲目》记载："霍乱腹痛垂死，同橘皮煎服；暑月，同丁香、滑石末服。"药用于湿阻脾胃、脘腹胀满、湿温初起、呕吐、泄泻、暑湿症、发热恶寒、胸脘满闷。

1. 形态特征

藿香为多年生草本植物。茎上部被极短的细毛，下部无毛，在上部具能育的分枝。叶心状卵形至长圆状披针形，长4.5~11厘米、宽3~6.5厘米，向上渐小，先端尾状长渐尖，基部心形，横截形，边缘具粗齿，纸质，上面橄榄绿色，近无毛，下面略淡，被微柔毛及点状腺体；叶柄长1.5~3.5厘米。藿香轮伞花序多花，在主茎或侧枝上组成顶生密集的圆筒形穗状花序，穗状花序长2.5~12厘米，直径1.8~2.5厘米；花序基部的苞叶是披针状线形，苞片形状与之相似，较小，长0.2~0.3厘米。花萼管状倒圆锥形，长约0.6厘米，宽约0.2厘米，被腺微柔毛及黄色小腺体。花冠淡紫蓝色，长约0.8厘米，外被微柔毛，冠筒基部宽约0.12厘米向上渐宽，至喉部宽约0.3厘米，冠檐二唇形，上唇直伸，先端微缺，下唇3裂，中裂片较宽大，长约0.2厘米，宽约0.35厘米，平展，边缘波状，基部宽，侧裂片半圆形。雄蕊伸出花冠，花丝细，扁平，无毛。子房裂片顶部具绒毛。成熟小坚果卵状长圆形，长约0.18厘米，宽约0.11厘米，腹面具棱，先端具短硬毛，褐色。花期6~9月，果期9~11月（图3-1）。

2. 生长环境

藿香喜高温、阳光充足环境，在荫蔽处生长欠佳，年平均气温19~26℃的地区较宜生长，温度高于35℃或低于16℃时生长缓慢或停止。喜欢生长在湿润、多雨的环境，怕干旱，要求年降雨量达1600毫米以上。幼苗期喜雨，生长期喜湿度大的环境（但是土壤湿度过大，会烂根死亡）。雨量较少地区要注意灌溉。苗期喜阴，需搭棚或盖草，成株可在全光照下生长。根比较耐寒，在北方能

图3-1 藿香

越冬，次年返青长出藿香；地上部不耐寒，霜降后大量落叶，逐渐枯死。对土壤要求不严，一般土壤均可生长，但以土层深厚肥沃而疏松的沙质壤土或壤土为佳。怕积水，在易积水的低洼地种植，根部易腐烂而死亡。种子寿命2～4年，故隔年种子可以播种，种子萌发需要光照条件，发芽适温18～22℃，发芽时间7～10天。

3. 地理分布

藿香广泛分布在中国的东北、华北、黄河流域、长江流域、华南、云贵、台湾等地区的疏林下、林缘、山坡、河岸草地、山沟溪流旁或灌木丛间。如东北山区海拔200～900米。野生或半野生。

4. 繁殖方法

藿香多用种子繁殖，当年播种，当年收获为新藿香，叶子多，叶片质量好。也可宿根繁殖（老藿香），是指留种的新藿香收过种子后，让其老根在原地越冬，翌春新苗出土后移至大田而获全草。

（1）**种子繁殖** 北方春季播种在4月中下旬育苗，撒播或条播，播种前，将苗床每平方米施腐熟人畜粪水2.5～3千克，湿润畦面作基肥，整平耙细后播种。

① 撒播：将种子拌细沙或草木灰，均匀地撒在畦面上，用薄板轻轻拍打畦面，使种子与畦面紧密接触，覆土厚度1厘米。

② 条播：顺畦按行距25～30厘米开浅沟，沟深1～1.5厘米，浇透水，将种

子拌细沙均匀地撒入沟内，覆土1厘米，稍加镇压。

③ 育苗播种量：2～4克/平方米，每亩本田用种量500～800克。最后畦面覆盖薄膜保温保湿。

④ 定植：当苗高12～15厘米，4～6片真叶时按株距25厘米，行距40米选择阴天浇稀薄粪水定植，每亩定植6000～7000株，定植后浇透定根水。

（2）宿根繁殖　宿根移栽（老藿香）极易成活，宿根在翌年（5月）出苗，用剪刀紧贴地面剪掉冬季枯死的地上残茎，然后浇一次稀薄粪水，促进新苗生长，到苗高9～15厘米时，即可将苗挖起，带土移栽大田，应于雨天或阴天随挖随栽，成活率高。移栽株行距30厘米×35厘米，每亩栽6000株。栽好后立即浇一次稀薄的粪水，促进成活。宿根发出的藿香高达70～90厘米时，当年春播的藿香15～36厘米高。宿根移栽6月底至7月初开始开花，当年春播的7月中旬开花。

5. 栽培技术

（1）整地播种　苗床以选择排灌、管理方便、肥力中上的壤土或沙壤土地块为好；结合翻耕施腐熟栏粪22.5吨/公顷作基肥；然后开沟敲细土垡，整成边沟1.5米宽的龟背形苗床，用腐熟人粪尿7.5吨/公顷浇湿畦面，将种子拌细沙或草木灰均匀撒于畦面后，用细泥：草木灰=1：0.5的肥土覆盖约1厘米厚；最后用竹片或小树枝在畦面上间隔约80厘米架成小拱形盖上薄膜保温育苗。一般每公顷该田需要苗床120～150平方米、种子2.25～2.7千克。

（2）田间管理

① 温度管理：气温保持在20～25℃，10～15天出苗，出苗率达70%时，揭去薄膜，适宜生长温度18～25℃，当年春播的藿香在苗高12厘米，主茎有5对叶子时，基部的叶腋开始发生分枝，6月以后气温升高，雨季来临，藿香进入旺盛生长期。

② 水肥管理：藿香茎叶均作药用，施肥以"全肥"为好（包括氮、磷、钾）如人畜粪、油饼等。第一次追肥在苗高3厘米松土后每平方米施腐熟稀薄人畜粪水1.5～2千克，以后分别在苗高7～10厘米、15～20厘米、25～30厘米时，中耕除草后，每次每亩施腐熟人畜粪水1500千克，或每亩施磷酸二铵10～12千克，施肥后应浇水，封垄后不再追肥。旱季要及时浇水，抗旱保苗，雨季及时疏沟排

水，防止积水引起植株烂根。

③ 中耕除草间苗：当苗高3厘米，及时除去过密苗，使幼苗营养面积4厘米，或进行分苗，分苗株距6~8厘米。穴播的藿香每穴留3~4株，条播可按株距10~12厘米间苗，两行错开定苗；缺苗要在阴天补栽，栽后浇一次稀薄人畜粪水，以利成活。第一次收获前中耕除草2~3次，分别在苗高3厘米、12~15厘米、21~24厘米时进行。苗高25~30厘米时第2次收割后进行培土6厘米护根。

（3）**排水抗旱** 藿香喜微潮土壤环境，在播种、移栽后，如遇干旱无雨，应注意及时浇（灌）水抗旱护苗；多雨天气及灌水后，应及时做好清沟排水工作，以防积水，引起烂根。

6. 病虫防治

（1）**根腐病** 根腐病多发生于夏季多雨季节，病株从根部和根状茎处发生腐烂，逐渐延至地上部，使皮层变褐色，最后枯萎而死。

防治方法：拔除病株并集中烧毁，再在病穴上撒入石灰消毒，或50%甲基托布津（甲基硫菌灵）800倍液，或用50%多菌灵500倍液浇灌病穴。

（2）**枯萎病** 枯萎病在6月中旬至7月上旬发生，最初病株叶片及叶梢部下垂，青枯状，最后根部腐烂，全株枯死。

防治方法：藿香收获后，清除病残株，集中烧毁，消灭越冬病原菌。雨后及时疏沟排水，降低田间湿度；结合喷药叶面喷施磷酸二氢钾，提高植株抗病力；发病初期拔除病株并用50%多菌灵500倍液，或50%甲基托布津800倍液，或40%多菌灵胶悬液500倍液浇灌病穴及邻近植株根部，防止蔓延。

（3）**角斑病** 角斑病主要危害叶片，多雨季节发生，开始时呈水浸状病斑，以后逐渐扩大为多角形褐色病斑，严重时叶片干枯脱落，造成减产。

防治方法：发病初期用配比为1∶1.5∶120的波尔多液，或1500倍吡唑醚菌酯液或77%可杀得500倍液喷雾防治，7~10天喷一次，连喷2~3次。

（4）**褐斑病** 真菌病害主要危害叶片，5~6月在叶面形成近圆形的病斑，中间淡褐色，边缘暗褐色，并生淡黑色霉状物，潮湿雨季严重。

防治方法：摘除病叶烧毁，用配比为1∶1∶120的波尔多液，或1500倍吡唑醚菌酯液喷雾防治。

（5）斑枯病　斑枯病叶片两面病斑呈多角形，初时直径0.1～0.3厘米，暗褐色，叶色变黄，严重时病斑汇合，叶片枯死。

防治方法：发病初期喷洒50%瑞毒霉1000倍液，每隔7天喷一次，连续喷2～3次。

（6）蚜虫　成虫和若虫群集在嫩梢嫩叶上危害，使植株生长不良，不能正常长出新芽新叶。

防治方法：用10%吡虫啉可湿性粉剂1000倍液喷洒，或50%抗蚜威可湿性粉剂2000倍液喷洒。收前半个月停药，免留残毒。

（7）红蜘蛛　6～8月高温低湿季节发生严重，该虫主要吮吸植株营养，橘红色或黄色，在叶背面吸食汁液，受害部位初现黄白色小斑，逐渐成大黄褐色焦斑，最后全叶变黄脱落。

防治方法：用虫螨立克1500倍液、40%速克朗或1.8%阿维菌素3000倍液喷洒。

（8）银纹叶蛾　银纹叶蛾以其幼虫咬食叶片成孔洞或缺刻，幼虫白天潜伏在叶背，晚上和阴天多在叶面取食。

防治方法：用90%晶体敌百虫1000倍液，或25%杀虫脒水剂300～350倍液喷雾。

（9）卷叶螟　卷叶螟以其幼虫在幼芽、幼叶上吐丝卷叶，藏于其中咀食叶片。

防治方法：用敌百虫300～400倍液叶面喷洒。

（10）地老虎和蝼蛄　害虫咬断幼苗根茎，造成缺苗，影响产量。

防治方法：用90%晶体敌百虫做成毒饵诱杀，或用50%辛硫磷1000倍液拌毒土条施于沟内。

（二）工具与材料

（1）做好藿香的留种、选种、种苗或者宿根。

（2）选地整地，准备好地膜、农家肥、种苗或宿根等。

(3)准备好栽培中使用的锄头、铁锹、农家肥、水及水桶、秸秆、喷雾器等。

训练任务

（一）任务安排
分组，以学习小组进行藿香的种子繁殖、宿根繁殖方法、育苗移栽、肥水管理及病虫防治等。在实践操作过程中，组内讨论，组间交流，老师总结与评比。

（二）任务要求
（1）<u>掌握藿香的种子繁殖、宿根繁殖方法及育苗移栽</u>　提前熟悉相关知识。
（2）<u>栽培管理</u>　主要是掌握繁殖方法、移栽、肥水管理、病虫防治等。
（3）<u>采收及初加工</u>　重点把握采收时节和初加工方法。

思考与练习

（1）藿香的形态特征及药用功效有哪些？
（2）藿香如何进行繁殖？
（3）藿香丰产栽培管理措施主要有哪些？
（4）藿香主要有哪些病虫害？如何进行防治？

考核评价

藿香学习和实操任务考核评价内容和评分标准见表3-1（以小组为单位考核）。

表3-1 藿香学习和实操任务考核评价表

考核项目	内容	分值	得分
技能操作（50分）	了解当地藿香产业现状及意义	10	
	掌握藿香的繁殖方法和丰产栽培管理措施，以及病虫防治、采收和初加工	40	
学习成效（25分）	拓展作业	5	
	实习小结	5	
	物候期实习记录表	5	
	实习总结	5	
	小组总结	5	
思想素质（25分）	安全规范生产	5	
	纪律出勤	5	
	情感态度	5	
	团结协作	5	
	创新思维（主动发现问题、解决问题）	5	
合计		100	
评价人员签字	1. 任课教师：　　　　　2. 实习指导教师： 3. 专业带头人：　　　　4. 园区（企业或行业）技术员：		

备注：严禁采摘损坏园区财物及产品，如有损毁，视情节和态度扣除个人成绩20～40分，小组成员同时扣除安全生产及团结协作成绩，情节严重的将按照相关处理办法进行违纪处理。

情境四 叶类药材种植

情境目标

1. 了解叶类中药材特性、生长环境、地理分布等。
2. 掌握叶类中药材药用功效及繁殖方法。
3. 掌握叶类中药材栽培管理技术。
4. 培养中医药方面的兴趣，具有传承我国核心文化内涵的意愿；树立热爱农业、热爱家乡、热爱专业的情怀和服务"三农"的责任感，树立振兴中药材产业的志向。

任务一 叶用枸杞

任务目标

知识目标

（1）了解叶用枸杞形态特征、生长环境和地理分布。
（2）掌握叶用枸杞的繁殖方法。
（3）掌握叶用枸杞栽培管理技术及病虫防治。

能力目标

（1）能认识叶用枸杞品种特性及药用功效。
（2）能科学繁殖和丰产栽培叶用枸杞。

情境四 叶类药材种植

📋 任务准备

（一）知识要点

扫码看视频

叶用枸杞别称大叶枸杞、枸杞菜、枸牙菜，属茄科多年生灌木，落叶菱小灌木，茎青绿色，无刺或偶有小软刺，味苦、甘，性凉。水煎用，主含维生素、甜菜碱、烟酸等成分。据《食疗本草》记载，叶及子："坚筋耐劳，除风，补益筋骨，能益人，去虚劳。"药用于治虚劳发热，烦渴，目赤昏痛，障翳夜盲，崩漏带下，热毒疮肿。

1. 形态特征

叶用枸杞为多年生落叶小乔木茎青绿色，无刺或偶有小软刺。叶互生，宽大卵形，质柔软，绿色。花为合瓣花，1~4朵簇生于叶腋，花冠漏斗状，淡紫色，有缘毛，花萼钟状，浆果卵形或长椭圆形，鲜红色，种子细小，扁平肾形，千粒重1.11克。发芽力可保存2年（图4-1）。

图4-1 叶用枸杞

2. 生长环境

叶用枸杞生长最适温为15~25℃，在华南地区以秋冬季栽培为主，直至秋季才又萌芽生长。但是在华北地区，在夏季30℃以上的高温多雨季节仍能生长，也很耐寒，秋末冬初地上部枝条落叶后，虽然冬季气温有时下降至-10℃以下，但到翌年春季仍能发芽生长。枸杞还耐阴、耐旱、耐盐碱，但不耐涝，对土壤的适应性强，不择土壤，而在石灰质土壤中生长最好。

3. 地理分布

枸杞原产于我国，在温带和亚热带地区的东南亚及朝鲜、日本和欧洲各国都有分布。而叶用枸杞在我国主要分布于广东、广西两地，上海有少量栽培。

4. 繁殖方法

（1）扦插繁殖　华南地区于8～9月进行扦插繁殖，长江流域和华北地区可在秋冬季截取枝条育苗或砂藏至春季扦插，或3月间老株未发芽时截取插穗直接扦插于大田，或集中扦插于苗圃，待发芽生根后再移植大田。插穗宜在种株上选择较粗壮的枝条，截去顶端瘦弱部分，从枝条下端开始向上截断，每条长15厘米左右，带3～5个芽，基部斜截，再把向上端的切口截平，以便种植时不致倒插，一般每一母枝可截取4～5条插穗。扦插时把斜口的端斜插入土，插入土深约为插穗的2/3。大田种植株行距12厘米×（20～30）厘米。扦插后保持土壤湿度，在北方春季露地扦插后，宜用塑料薄膜覆盖，约2周许，新根和新梢长出，撤去覆盖物。

（2）分根繁殖　我国北部地区可在11月或翌年3月中旬将母株附近萌蘖发生的幼苗连根挖出，假植于沟中，至4月上旬栽植，每穴栽苗1～3株，株行距40厘米×（50～60）厘米。栽植后要将穴土踏实，并灌足水。

（3）种子繁殖　叶用枸杞在华南地区很少开花结实，在华北地漭夏季陆续开花，种子秋季成熟，将果实收获后阴干，存放于干潍冷凉的室内，至次年2月中旬将果实捣碎，用水冲去果皮选出种子，加细沙两倍混匀，堆于冷室中，经常翻动并保持湿润。3月下旬播种于平床上。平床要选背风向阳处。床宽1米，长度按需而定。床面土要整平耙细，并结合耙地，用2.5%敌百虫粉，均匀撒于床上，用药量为每10米，15～20克加细土100克拌匀后撒。再耙入土中，以防蛴螬等地下害虫。播种前要先灌水润床，待土半干半湿时，纵向开4条等距离妁小沟，按每10平方米苗床用净种30克的比例，将混有细沙的种子均匀撒入沟内，覆上过筛的细土，以看不见种子为度。苗床两边插上拱条上盖塑料薄膜，保温保湿，7～10天出苗，苗齐后撤除覆盖物，并适当剪去过密苗，看生长势追施肥料。当年幼苗能长高约30厘米，霜冻前将幼苗掘出，假植于阳畦，翌春定植；或培土、覆盖，露地越冬。播种育苗有时会发生立枯病，为预防病害发生，应在幼苗出土后4~5月间，每平方米苗床浇灌1%硫酸亚铁液2~4千克。如发现已染病的植株，应即拔除烧掉。

5. 栽培技术

（1）肥、水的管理　叶用枸杞需肥多，要选择富含有机质的肥沃壤土栽培。种植前施足有机肥作底肥，盛收期可追施液肥，以促进新梢和新叶的生长，冬前培施腐熟的畜粪干肥。天旱时要灌水，及时中耕除草，雨天注意排水。冬前浇1~2次水防冻越冬。

（2）扦插　繁殖苗生根后，发生新梢，选留3~5条健壮新梢，多余的摘去。

（3）采收　叶用枸杞以嫩茎叶多次采收，在温暖的季节一般在定植后50~60天，株高约50厘米，基部叶片尚未衰老时即可开始采收，第一次采收离地留茬20厘米左右剪下，产品长20~30厘米，扎成小把上市。一次种植，多次采收，到5~8月高温季节停止采收，让枝条生长充实，到9月再行扦插繁殖。在华北地区则根据市场的需要，春季当株高约20厘米时，采捅嫩梢尖上市，从春季收获至秋季。一次种植采收多年。夏季摘种后不再采收的植株，则开花结实，秋末果实成熟变红即可收获。

6. 病虫防治

（1）病害

① 白粉病：主要为害叶片和嫩枝，应采取农业综合技术措施，加强田间管理，增强植株抗病力。发病初期喷洒15%三唑酮可湿性粉剂或20%三唑酮乳油2000~2500倍液，或2%农抗120水剂，隔7~10天喷一次，连喷2次。

② 炭疽病：一般危害较轻，可用50%灭霉灵可湿性粉剂600~800倍液或80%炭疽福美可湿性粉剂600~800倍液防治。每隔7~10天喷一次药，连喷3~4次。

③ 根腐病：6月中下旬发病，7~8月较严重。初期根部发黑，逐渐腐烂，而后地上部枯萎，全株死亡。防治上应注意田间排涝，防治积水；中耕时，不要碰伤植株，避免病菌从伤口侵入；及时拔除感病植株，并在其周围撒施生石灰。可

用50%甲基托布津1000～1500倍液或50%多菌灵1000～1500倍液浇灌根部。

（2）虫害

① 负泥虫（金花虫）：其成虫和幼虫均咬食叶片，为害严重时全部叶片被食，只剩下光秆枝条。

防治以预防为主，枸杞田附近不种植茄科作物，每年越冬前修剪的枝条、枯叶要烧毁。试验表明，在害虫幼龄期喷洒4.5%氯氟氰菊酯乳油2500倍液，每7～10天喷一次，其防治效果非常明显。

② 二十八星瓢虫：成虫和幼虫嗜食叶肉，残留上表皮呈网状，严重时全叶食尽。

防治方法：一是人工捕捉成虫，利用成虫假死习性，用盆接并叩打植株使之坠落，收集灭之。二龄前的有利时机，可用灭杀毙（21%增效氰马乳油）6000倍液或2.5%溴氰菊酯3000倍液、10%溴马乳油1500倍液、10%菊马乳油1000倍液、50%辛硫磷乳剂1000倍液、2.5%功夫乳油4000倍液等进行防治。

此外，叶用枸杞的害虫还有蚜虫、臭金龟子、红蜘蛛等，可用4.5%氯氟氰菊酯乳油2500倍液或10%吡虫啉1200倍液喷洒防治。

（二）工具与材料

（1）做好叶用枸杞的留种、选种、育种、种苗等工作。

（2）选地整地，准备好地膜、农家肥、种苗等。

（3）准备好栽培中使用的锄头、铁锹、农家肥、水及水桶、喷雾器等。

训练任务

（一）任务安排

分组，以学习小组进行叶用枸杞的种子繁殖、扦插繁殖、分根繁殖方法、育苗移栽、肥水管理及病虫防治等。在实践操作过程中，组内讨论，组间交流，老师总结与评比。

（二）任务要求

（1）掌握叶用枸杞的种子繁殖、扦插繁殖、分根繁殖方法及育苗移栽 提前熟悉相关知识。

（2）栽培管理 主要是掌握繁殖方法、移栽、肥水管理、病虫防治等。

（3）采收及初加工 重点把握采收时节和初加工方法。

思考与练习

（1）叶用枸杞的形态特征及药用功效有哪些？
（2）叶用枸杞如何进行繁殖？
（3）叶用枸杞丰产栽培管理措施主要有哪些？
（4）叶用枸杞主要有哪些病虫害？如何进行防治？

考核评价

叶用枸杞学习和实操任务考核评价内容和评分标准见表4-1（以小组为单位考核）。

表4-1 叶用枸杞学习和实操任务考核评价表

考核项目	内容	分值	得分
技能操作（50分）	了解当地叶用枸杞产业现状及意义	10	
	掌握叶用枸杞的繁殖方法和丰产栽培管理措施，以及病虫防治、采收和初加工	40	
学习成效（25分）	拓展作业	5	
	实习小结	5	
	物候期实习记录表	5	
	实习总结	5	
	小组总结	5	

续表

考核项目	内容	分值	得分
思想素质（25分）	安全规范生产	5	
	纪律出勤	5	
	情感态度	5	
	团结协作	5	
	创新思维（主动发现问题、解决问题）	5	
合计		100	
评价人员签字	1. 任课教师： 2. 实习指导教师： 3. 专业带头人： 4. 园区（企业或行业）技术员：		

备注：严禁采摘损坏园区财物及产品，如有损毁，视情节和态度扣除个人成绩20～40分，小组成员同时扣除安全生产及团结协作成绩，情节严重的将按照相关处理办法进行违纪处理。

任务二　淫羊藿

📋 任务目标

知识目标

（1）了解淫羊藿形态特征、生长环境和地理分布。

（2）掌握淫羊藿的繁殖方法。

（3）掌握淫羊藿栽培管理技术及病虫防治。

能力目标

（1）能认识淫羊藿品种特性及药用功效。

（2）能科学繁殖和丰产栽培淫羊藿。

情境四 叶类药材种植

📋 任务准备

（一）知识要点

淫羊藿又名仙灵脾、刚前，被《神农本草经》列为中品，具有补肾阳、强筋骨、祛风湿功效，用于肾阳虚衰所致遗精、筋骨痿软、风湿痹痛、麻木拘挛，是临床常用中药。中国是淫羊藿的地理分布中心，有40个淫羊藿品种，形成药材商品的种类主要有15种，其中淫羊藿（*E.brevicornum* Maxim.）、柔毛淫羊藿（*E.pubescens* Maxim.）、箭叶淫羊藿（*E.sagittatum* Maxim.）和朝鲜淫羊藿（*E.koreanum* Nakai）被2015年版《中华人民共和国药典》收载为主要基原种。

1. 形态特征

淫羊藿为多年生草本植物，植株高20～60厘米。根状茎粗短，木质化，暗棕褐色。

二回三出复叶基生和茎生，具9枚小叶；基生叶1～3枚丛生，具长柄，茎生叶2枚，对生；小叶纸质或厚纸质，卵形或阔卵形，长3～7厘米、宽2.5～6厘米，先端急尖或短渐尖，基部深心形，顶生小叶基部裂片圆形，近等大，侧生小叶基部裂片稍偏斜，急尖或圆形，上面常有光泽，网脉显著，背面苍白色，光滑或疏生少数柔毛，基出7脉，叶缘具刺齿；花茎具2枚对生叶（图4-2）。

图4-2　淫羊藿

圆锥花序长10～35厘米，具20～50朵花，序轴及花梗被腺毛；花梗长0.5～2厘米；花白色或淡黄色；萼片2轮，外萼片卵状三角形，暗绿色，长0.1～0.3厘米，内萼片披针形，白色或淡黄色，长约1厘米、宽约0.4厘米；花瓣远较内萼片短，距呈圆锥状，长仅0.2～0.3厘米，瓣片很小；雄蕊长0.3～0.4厘米，伸出，花药长约0.2厘米，瓣裂。

蒴果长约1厘米，宿存花柱喙状，长0.2～0.3厘米。花期5～6月，果期6～8月。

2. 生长环境

淫羊藿是一种生态幅度大的温带及亚热带药用植物，喜阴湿，土壤湿度25%～30%，空气相对湿度以70%～80%为宜，对光较为敏感，忌烈日直射，要求遮光度在80%左右。淫羊藿对土壤要求比较严格，以中性或稍偏碱、疏松且含腐殖质、有机质丰富的土壤油沙壤土为好，海拔在450～1200米的低、中山地的灌丛、疏林下或林缘半阴环境中适合生长。

3. 地理分布

淫羊藿生于林下、沟边灌丛中或山坡阴湿处，海拔650～3500米。我国陕西、甘肃、山西、河南、青海、湖北、四川等地均有栽培。

4. 繁殖方法

种苗繁育以无性繁殖（分株繁殖或根茎繁殖）为主，有性繁殖为辅。

（1）选地做床　选择阴坡或半阴半阳坡的自然条件，坡度35℃以下，土壤为微酸性的树叶腐殖土、黑壤土、黑沙壤土，可以利用阔叶林或针阔混交林及果树经济林下栽培。将林下地面草皮起走，顺坡打成宽120～140厘米、高12～15厘米的条床，横条沟栽苗，开沟深度6～10厘米。

（2）挖茎移栽

① 休眠期移栽：春季4～5月萌芽前或秋季9～10月地上茎叶枯萎时，挖取地下根茎，取有芽茎段，切成8～10厘米小段，每段保留1～2个芽胞，用赤霉素和生根粉药剂处理后，栽于条床内，株行距15厘米×20厘米，覆细土5厘米，踩实后，再用湿树叶覆盖3～5厘米。

② 生长期移栽：夏季6～8月高温多雨时林下栽培。将野生生长旺盛的植株整株带土移栽，24小时内随挖随栽，最好6选择阴天或下雨前后。株行距20厘

米×25厘米，覆土3~5厘米，踩实后覆盖树叶3~5厘米。这种栽培方法不缓苗，成活率高达85%以上，且根茎分蘖芽生长快，翌年春分枝多、产量高。

5. 栽培技术

（1）补苗　淫羊藿翌年春2~3月出苗后，及时拔除死苗、弱苗、病苗，阴天补苗种植，以保证基本苗数。

（2）除草　结合中耕进行除草，以畦面少有杂草为度。在生长旺季，可每10天除一次草；秋冬季可30天左右除一次草。

（3）灌溉　淫羊藿喜湿润土壤环境，干旱会造成其生长停滞或死苗。如果在夏季连续晴5~6天，就必须早晚进行人工浇水。

（4）施肥　在第一年的10~11月结合整地开畦时施入底肥，一般施1000~3000千克/亩。翌年3月底~6月追施一次或两次，一般情况下无机氮肥施入量不超过5千克/亩，有机复合肥10~30千克/亩；促芽肥于翌年10~11月施一次农家肥（1000千克/亩）或有机复合肥（10~20千克/亩）；每次采收后应及时补充土壤肥料，一般可施农家肥（1000~2000千克/亩）或有机复合肥（20~30千克/亩）。底肥于开畦后、定植前，将肥料均匀撒于畦面，然后翻入土中，耙细混匀，也在开畦后定植前，挖定植"穴"或"条"时，将肥料均匀放入"穴"或"条"内，并将肥料与周围土壤混匀。追肥主要采用"穴"施，追肥时切勿将肥施到新出土的枝叶上，应靠近株丛的基部施入，并根据肥料种类覆土或不覆土。

（5）采收　种植2年后的淫羊藿便可采收，8月份是淫羊藿生长发育好，营养物质积累最高的季节，而且药效强，可在此时采收。采收时将地上茎叶采收捆成小把，置于阴凉通风干燥处阴干或晾干。选出杂质、粗梗及有可能混入的异物，以保证药材质量。连续采收几年后，常会影响淫羊藿的后期发育，影响其越冬芽及来年的新叶产量和质量。为此，连续采割3~4年后，应轮息2~3年以恢复种群活力。

6. 病虫防治

种植实践中，偶见小甲虫咬食叶片以致出现孔洞，或有蛾类幼虫咬食幼苗茎秆或叶片，将茎秆咬断及为害叶片形成网纹的虫害现象。也偶见煤污病发生，可影响淫羊藿的光合作用。可采取农业综合防治措施，以提高植株的抗逆性，减少病虫害的发生。

（1）淫羊藿叶褐斑枯病

症状：此病为害叶片。患病叶病斑，初期为褐色斑点，周围有黄色晕圈。扩展后病斑呈不规则状，边缘红褐色至褐色，中部呈灰褐色；后期病斑灰褐色，收缩，出现黑色粒状物，此为病菌的分生孢子器。病菌在淫羊藿苗期和成株期均有发生，以幼苗期发生较多、危害较重。

病原：病原学检测为大茎点霉属真菌。

发病特点：该病病原菌以菌丝体或分生孢子器在病残体中越冬，能存活8～9个月。翌年春天遇雨或潮湿天气，从孢子器的孔口涌出大量的分生孢子，通过风雨、昆虫媒介传播进行初侵染。以后在适宜的条件下不断进行再侵染。多雨高温季节发病严重，暴风雨过后常导致流行。组织幼嫩，有利于病害感染。病菌发育温度15～38℃，最适25℃，如贵州省雷山县同济堂淫羊藿药材基地一般4月下旬开始发病，危害严重期6～9月；贵州省赤水市2011年4月下旬在野生淫羊藿上发现此病发生。

防治方法：① 及时清除病残体并销毁，减少浸染源；② 发病初期可施药防治，常用药剂有50%代森锌可湿性粉剂600倍、50%退菌特可湿性粉剂800倍液、配比为1∶1∶160的波尔多液、30%氧氯化铜600～800倍液、50%多菌灵可湿性粉剂500～600倍液、70%甲基托布津可湿性粉剂800～1000倍液、75%百菌清可湿性粉剂500～600倍液。上述药剂应交替使用，以免产生抗药性。

（2）淫羊藿皱缩病毒病

症状：苗床幼苗期，染病叶常表现为叶组织皱缩、不平、增厚、畸形呈反卷状。成苗期，田间常有2种症状，一种是花叶斑驳状，病叶扭曲畸变皱缩不平增厚呈浓淡绿色不均匀的斑驳花叶状；另一种是黄色斑驳花叶状，染病叶组织退绿呈黄色花叶斑状。

病原：淫羊藿皱缩病毒病由病毒感染引起。该病害可通过虫媒、摩擦等方式传播。

发病特点：2010—2011年在贵州省雷山、修文等县发现。在淫羊藿生长期，此病均有发生。苗床育苗期此病多发生较重。成苗期此病田间发生分散，危害较轻。病毒病通常是通过蚜虫、叶蝉、蓟马、飞虱等虫媒或摩擦等方式传播。染病株叶部叶绿素受阻，正常光合作用受到影响，影响产量和质量。

防治方法：① 选用无病毒病的种苗留种；② 在续断生长期，及时灭杀传毒虫媒；③ 发病症状出现时，若需施药防治，可选用磷酸二氢钾或20%毒克星可湿性粉剂500倍液，或0.5%抗毒剂1号水剂250～300倍液，或20%病毒宁水溶性粉剂500倍液等喷洒，隔7天一次，连用3次。促叶片转绿、舒展，减轻危害。采收前20天停止用药。

（3）淫羊藿锈病

症状：病菌为害淫羊藿叶片，果实等。患病叶，初期叶片上出现不明显的小点，后期叶背面变成橙黄色微突起的小疮斑，即为夏孢子堆。病斑破裂后散发锈黄色的夏孢子，严重时叶片枯死；患病果实出现橙黄色微突起的小疮斑，严重时患病果实成僵果。

病原：淫羊藿锈病病原为双胞锈菌属，淫羊藿锈病夏孢子椭圆形、单胞。

发病条件：2008—2012年在贵州雷山县调查，淫羊藿野生抚育基地每年4～5月有锈病发生，但危害不严重。病菌转主寄生及生活史不详。以冬孢子在病残体上越冬，以夏孢子辗转传播蔓延。高温、高湿条件易诱发该病。

防治方法：① 清洁田园，加强管理；② 清除转主寄主；③ 发病期，可选用15%粉锈宁可湿性粉剂1000～1500倍液。

（4）淫羊藿白粉病

症状：危害淫羊藿的叶片。发病初期，叶片正面或背面产生白色近圆形的小粉斑，逐渐扩大成边缘不明显的大片白粉区，布满叶面，好像撒了层白粉。抹去白粉，可见叶面褪绿，枯黄变脆。发病严重时，叶面布满白粉，变成灰白色，直至整个叶片枯死。发病后无臭味，白粉是其明显病征。

病原：淫羊藿白粉病为粉孢属真菌。分生孢子被风传播到幼嫩组织上，在适宜的环境条件下萌发，并通过角质层和表皮细胞壁进入表皮细胞进行危害。

发病特点：白粉病一般在温暖、干燥或潮湿的环境易发病，降雨则不易病害发生。施氮肥过多，土壤缺少钙或钾肥时易发该病，植株过密，通风透光不良，发病严重。温度变化剧烈，土壤过干等，都将减弱植物的抗病能力，而有利于病害的发生。2011年7月在贵州省雷山县调查，淫羊藿野生抚育基地有此病发生，但危害不重。

防治方法：① 清洁田园，加强管理；② 发病期，可选用50%多菌灵500倍液或75%甲基硫菌灵1000倍液喷雾；病害盛发时，可喷15%粉锈宁1000倍液等药剂喷施防治。

(5) 淫羊藿生理性红叶病

症状：此病通常在无遮阳的暴露地出现。叶部退绿变色呈红色状，植株生长受阻，矮小。苗床期受害严重者植株可出现早死亡。成苗期受害植株变色后虽然一般不死亡但新生芽较少，影响生物产量，减产显著。

病原：生理性病害，在无遮阳的暴露地出现。

发病特点：在贵州省雷山县淫羊藿种植基地2010年调查，只要在无遮阳的暴露地种植淫羊藿，此病全年均出现，但育苗期受害较重，一些长势差的苗受害会枯死。

防治方法：① 遮阳育苗；② 基地种植，选择在杨梅树、松树等乔木下遮阳栽种。

(二) 工具与材料

(1) 做好淫羊藿的选种苗、移栽等工作。
(2) 选地整地，准备好地膜、农家肥、种苗等。
(3) 准备好栽培中使用的锄头、铁锹、农家肥、水及水桶、喷雾器等。

训练任务

(一) 任务安排

分组，以学习小组进行淫羊藿的有性繁殖、无性繁殖方法、移栽、肥水管理及病虫防治等。在实践操作过程中，组内讨论，组间交流，老师总结与评比。

（二）任务要求

（1）掌握淫羊藿的有性繁殖、无性繁殖方法及移栽　提前熟悉相关知识。

（2）栽培管理　主要是掌握繁殖方法、移栽、肥水管理、病虫防治等。

（3）采收及初加工　重点把握采收时节和初加工方法。

思考与练习

（1）淫羊藿的形态特征及药用功效有哪些？

（2）淫羊藿如何进行繁殖？

（3）淫羊藿丰产栽培管理措施主要有哪些？

（4）淫羊藿有哪些主要的病虫害？如何进行防治？

考核评价

淫羊藿学习和实操任务考核评价内容和评分标准见表4-2（以小组为单位考核）。

表4-2　淫羊藿学习和实操任务考核评价表

考核项目	内容	分值	得分
技能操作（50分）	了解当地淫羊藿产业现状及意义	10	
	掌握淫羊藿的繁殖方法和丰产栽培管理措施，以及病虫防治、采收和初加工	40	
学习成效（25分）	拓展作业	5	
	实习小结	5	
	物候期实习记录表	5	
	实习总结	5	
	小组总结	5	

续表

考核项目	内容	分值	得分
思想素质（25分）	安全规范生产	5	
	纪律出勤	5	
	情感态度	5	
	团结协作	5	
	创新思维（主动发现问题、解决问题）	5	
合计		100	
评价人员签字	1. 任课教师：　　　　2. 实习指导教师： 3. 专业带头人：　　　4. 园区（企业或行业）技术员：		

备注：严禁采摘损坏园区财物及产品，如有损毁，视情节和态度扣除个人成绩20~40分，小组成员同时扣除安全生产及团结协作成绩，情节严重的将按照相关处理办法进行违纪处理。

情境五 花类药材种植

情境目标

1. 了解花类中药材不同种类及品种特性、生长环境、地理分布等。
2. 掌握花类中药材药用功效及繁殖方法。
3. 掌握花类中药材栽培管理技术。
4. 培养中医药方面的兴趣，具有传承我国核心文化内涵的意愿；树立热爱农业、热爱家乡、热爱专业的情怀和服务"三农"的责任感，树立振兴中药材产业的志向。

任务一 金银花

任务目标

知识目标

（1）了解金银花形态特征、生长环境和地理分布。
（2）掌握金银花的繁殖方法。
（3）掌握金银花栽培管理技术及病虫防治。

能力目标

（1）能认识金银花品种特性及药用功效。
（2）能科学繁殖和丰产栽培叶用金银花。

📋 任务准备

扫码看视频

（一）知识要点

金银花别称忍冬、双花、二花、银花，为忍冬科植物忍冬，呈棒状，上粗下细，表面黄白色或绿白色，味甘，性寒。生用或制成露剂使用，主含挥发油、木犀草素、环己六醇、黄酮类、肌醇、皂苷、鞣质成分。据《本草拾遗》记载："主热毒，血痢，水痢。"浓煎服之。用于治疗痈肿疔疮、发痹、丹毒、热毒血痢、风热感冒、温病发热等症。

1. 形态特征

金银花属多年生半常绿缠绕及匍匐茎的灌木。小枝细长，中空，藤为褐色至赤褐色。卵形叶子对生，枝叶均密生柔毛和腺毛。夏季开花，苞片叶状，唇形花有淡香，外面有柔毛和腺毛，雄蕊和花柱均伸出花冠，花成对生于叶腋，花色初为白色，渐变为黄色，黄白相映，球形浆果，熟时黑色。金银花幼枝洁红褐色，密被黄褐色、开展的硬直糙毛、腺毛和短柔毛，下部常无毛。叶纸质，卵形至矩圆状卵形，有时卵状披针形，稀圆卵形或倒卵形，极少有一至数个钝缺，长3～5厘米，顶端尖或渐尖，少有钝、圆或微凹缺，基部圆或近心形，有糙缘毛，上面深绿色，下面淡绿色，小枝上部叶通常两面均密被短糙毛，下部叶常平滑无毛而下面多少带青灰色；叶柄长0.4～0.8厘米，密被短柔毛。花蕾呈棒状，上粗下细。外面黄白色或淡绿色，密生短柔毛。花萼细小，黄绿色，先端5裂，裂片边缘有毛。开放花朵筒状，先端二唇形，雄蕊5个，附于筒壁，黄色，雌蕊1个，子房无毛。气清香，味淡，微苦。以花蕾未开放、色黄白或绿白、无枝叶杂质者为佳。果实圆形，直径0.6～0.7厘米，熟时蓝黑色，有光泽；种子卵圆形或椭圆形，褐色，长约0.3厘米，中部有一凸起的脊，两侧有浅的横沟纹。花期4～6月（秋季也常开花），果熟期10～11月（图5-1）。

2. 生长环境

金银花适应性很强，喜温暖湿润气候，耐阴，耐寒性强，也耐干旱和水湿，以湿润、肥沃的深厚沙质壤土上生长最佳，每年春夏两次发梢。根深，能防止水土流失，可利用荒山坡栽种。生于山坡灌丛或疏林中、乱石堆、山足路旁及村

图5-1 金银花

庄篱笆边,海拔最高达1500米。

3. 地理分布

金银花分布区域很广,北起辽宁、吉林,西至陕西、甘肃,南达湖南、江西,西南至云南、贵州,其中又以山东、河南两省的低山丘陵、平原滩地、沿海淤沙轻盐地带分布较广而集中。山东平邑县、费县和河南封丘县、新密市为主要道地产区。

4. 繁殖方法

(1)扦插繁殖　春、夏、秋季均可。在4~5月雨后两三天进行。宜选择一二年生健壮、充实枝条,截成15~20厘米的小节,将下端削成平滑的斜面,用0.05%吲哚丁酸(IBA)溶液或0.50%三十烷醇快速浸蘸下端斜面5~10秒,稍晾干后立即扦插。插条入土深度为插条的1/2~2/3,再填细土压实,浇一次透水,保持土壤湿润。1个月左右即可生根发芽。

(2)种子繁殖　9月中旬种子成熟时选择健壮、饱满、色泽好的成熟浆果采摘后,及时取出种子,晾干贮藏备用。可随采随播,也可以翌年春播。于播前40天将种子取出,用40℃温水浸泡24小时,捞出与3倍量的湿沙层积催芽,当有50%的种子裂口露白时,即可筛出种子进行条播。在畦面上按行距20厘米开横沟，深3~5厘米，播幅宽10厘米，将催芽籽均匀地撒入沟内，覆土盖草保温保湿，10天左右出苗。齐苗后揭去盖草，加强苗床常规管理。当苗高15厘米时，摘去顶芽，促进分枝。当年秋冬或翌年早春便可出圃定植。每亩用量1~1.5千克。

（3）分株繁殖　于冬季金银花休眠期挖取母株，将根系及地上茎适当修剪后，挖穴进行分株，每穴栽入1~2株，栽后第二年就能现花蕾。此法只适用于野生优良品种分株。

（4）压条繁殖　于秋、冬季植株休眠期或早春萌发前进行。选择3~4年生长健壮、产量高的金银花作母株。将近地面的一年生枝条弯曲埋入土中，将枝条入土部分刻伤，压盖10~15厘米细肥土，使枝梢露出地面。第二年春季即可将已发根的压条苗截离母体，另行栽植。

（5）移栽　于早春萌发前或秋冬季休眠期进行。按株行距120厘米×150厘米左右挖穴，宽深各30~40厘米，每穴施土杂肥5千克，与底土拌匀。每穴栽壮苗1株，填土压实，浇透定根水。

5. 栽培技术

（1）选地整地　金银花作为高效丰产经济作物发展，选择土质疏松、土地肥沃、具有灌排条件、通风向阳的地块种植最为适宜。

在荒山丘陵、沟边地堰、废弃矿场、沙丘滩地、城镇绿地、庭院经济，亦可作为生态绿化、保持水土、美化城镇、旅游观光的首选优良植物。

对种植金银花的地块要施足底肥，耕翻整理。平原地区、低洼地块可采取起垄或畦田方式种植，以利排水防涝；山区丘陵可根据地势，沿等高线起垄或挖鱼鳞坑穴盘栽植，以利保土蓄水；沟边地堰、废弃矿场可采取分散挖穴或客土回填等方式，对栽植地块或穴坑进行适当整理，确保栽植金银花的穴坑内有适量松散土壤，以利保水保肥，提高金银花种苗的栽植成活率。

（2）种苗定植　原则上一年四季只要土地不封冻，都可栽植金银花，但尤以早春土壤解冻后和晚秋土壤封冻前栽植最好。

① 挖穴、栽植、浇水、培土：栽植时挖长、宽、深各15厘米左右的穴坑，放入苗木，保持直立状态，覆上疏松细土并压紧踏实，浇足水，待水下渗无明水

后，再培土封墩，恢复垄形或整成穴盘，地下部分深度以高于原种苗培土痕迹1~2厘米为宜。

② 覆膜：先覆好黑色地膜，地膜中心线之间相隔1.2米，再按行距70厘米，挖坑或打孔种植。也可以栽植完后，覆上黑色地膜，将苗木挖孔掏出，在苗木周边地膜破损处培好土并压实，在干旱地区或寒冷季节，覆盖地膜可保水增温，又可防止杂草丛生，有利于提高成活率和促进缓苗生长。苗木栽植时一般不要在穴中直接施用化肥，尤其是在干旱地区或干旱季节栽植时最好不施化肥，以免烧苗或影响缓苗期生长。

③ 栽植模式：主干树形的栽植模式：按照株行距0.7米×1.2米单株定植，每亩定植800株。取簇墩形的栽植模式：按照株行距1米×1.5米双株定植，每亩种植900株。

6. 病虫防治

（1）病害

① 褐斑病：叶部常见病害，造成植株长势衰弱。多在生长后期发病，8~9月为发病盛期，在多雨潮湿的条件下发病重。发病初期在叶上形成褐色小点，后扩大成褐色圆病斑或不规则病斑。病斑背面生有灰黑色霉状物，发病重时，能使叶片脱落。

防治方法：剪除病叶，然后用配比为1∶1.5∶200的波尔多液喷洒，每7~10天一次，连续2~3次；或用65%代森锌500倍液或托布津1000~1500倍液，每隔7天喷一次，连续2~3次。

② 白粉病：在温暖干燥或植株荫蔽的条件下发病重；施氮过多，植株茂密，发病也重。发病初期，叶片上产生白色小点，后逐渐扩大成白色粉斑，继续扩展布满全叶，造成叶片发黄，皱缩变形，最后引起落花、落叶、枝条干枯。

防治方法：清园处理病残株；发生期用50%托布津1000倍液或BO-10生物制喷雾。

③ 炭疽病：叶片病斑近圆形，潮湿时叶片上着生橙红色点状黏状物。

防治方法：清除残株病叶，集中烧毁；移栽前用配比为1∶1∶（150~200）

的波尔多液浸种5～10分钟；发病期喷施65%代森锌500倍液或50%退菌特800～1000倍液。

（2）虫害

① 蚜虫：为害叶片、嫩枝，引起叶片和花蕾卷曲，生长停止，产量锐减。4～6月虫情较重，"立夏"前后，特别是阴雨天，蔓延更快。

防治方法：用10%吡虫啉1200倍液或灭蚜松（灭蚜灵）1000～1500倍液喷杀，连续多次，直至杀灭。

② 尺蠖：莅花后幼虫蚕食叶片，引起减产。

防治方法：入春后，在植株周围1米内挖土灭蛹。幼虫发生初期，喷2.5%鱼藤精乳油400～600倍液；或用氯氟氰菊酯乳油、敌百虫等喷杀，但花期要停止喷药。

③ 天牛：植株受害后，逐渐衰老枯萎乃至死亡。

防治方法：成虫出土时，用80%敌百虫1000倍液灌注花墩。在产卵盛期，7～10天喷一次90%敌百虫晶体800～1000倍液；发现虫枝，剪下烧毁；如有虫孔，塞入4.5%氯氟氰菊酯乳油原液浸过的药棉，用泥土封住，毒杀幼虫。

（二）工具与材料

（1）做好金银花的留种、选种、育种、种苗等工作。

（2）选地整地，准备好地膜、农家肥、种苗等。

（3）准备好栽培中使用的锄头、铁锹、农家肥、水及水桶、秸秆、喷雾器等。

训练任务

（一）任务安排

分组，以学习小组进行金银花的种子繁殖、扦插繁殖、分株繁殖、压条繁殖方法、育苗移栽、肥水管理及病虫防治等。在实践操作过程中，组内讨论，组间交流，老师总结与评比。

（二）任务要求

（1）**掌握金银花的种子繁殖、扦插繁殖、分株繁殖、压条繁殖方法及育苗移栽** 提前熟悉相关知识。

（2）**栽培管理** 主要是掌握繁殖方法、移栽、肥水管理、病虫防治等。

（3）**采收及初加工** 重点把握采收时节和初加工方法。

思考与练习

（1）金银花的形态特征及药用功效有哪些？

（2）金银花如何进行繁殖？

（3）金银花丰产栽培管理措施主要有哪些？

（4）金银花主要有哪些病虫害？如何进行防治？

考核评价

金银花学习和实操任务考核评价内容和评分标准见表5-1（以小组为单位考核）。

表5-1　金银花学习和实操任务考核评价表

考核项目	内容	分值	得分
技能操作（50分）	了解当地金银花产业现状及意义	10	
	掌握金银花的繁殖方法和丰产栽培管理措施，以及病虫防治、采收和初加工	40	
学习成效（25分）	拓展作业	5	
	实习小结	5	
	物候期实习记录表	5	
	实习总结	5	
	小组总结	5	

续表

考核项目	内容	分值	得分
思想素质（25分）	安全规范生产	5	
	纪律出勤	5	
	情感态度	5	
	团结协作	5	
	创新思维（主动发现问题、解决问题）	5	
合计		100	
评价人员签字	1. 任课教师： 2. 实习指导教师： 3. 专业带头人： 4. 园区（企业或行业）技术员：		

备注：严禁采摘损坏园区财物及产品，如有损毁，视情节和态度扣除个人成绩20～40分，小组成员同时扣除安全生产及团结协作成绩，情节严重的将按照相关处理办法进行违纪处理。

任务二　丁香

📋 任务目标

知识目标

（1）了解丁香形态特征、生长环境和地理分布。

（2）掌握丁香的繁殖方法。

（3）掌握丁香栽培管理技术及病虫防治。

能力目标

（1）能认识丁香品种特性及药用功效。

（2）能科学繁殖和丰产栽培叶用丁香。

情境五 花类药材种植

任务准备

（一）知识要点

丁香，别名公丁香、丁子香、支解香、雄丁香、大花丁香、紫丁香、公丁、丁子等，为桃金娘科植物，药用部分为丁香的干燥花蕾。多在9月至翌年3月花蕾由绿色转红时采摘，晒干，生用。主产于坦桑尼亚、马来西亚、印度尼西亚等地，我国也有栽培。丁香性味归经：辛，温。归脾、胃、肾经。其功效为温中降逆、温肾助阳。主治胃寒呕吐、呃逆、腹泻、肾虚阳痿。

1. 形态特征

丁香为落叶灌木或小乔木。小枝近圆柱形或带四棱形，具皮孔。冬芽被芽鳞，顶芽常缺。叶对生，单叶，稀复叶，全缘，稀分裂；具叶柄。花两性，聚伞花序排列成圆锥花序，顶生或侧生，与叶同时抽生或叶后抽生；具花梗或无花梗；花萼小，钟状，具4齿或为不规则齿裂，或近截形，宿存；花冠漏斗状、高脚碟状或近幅状，裂片4枚或5枚，开展或近直立，花蕾时呈镊合状排列；雄蕊2枚，着生于花冠管喉部至花冠管中部，内藏或伸出；子房2室，每室具下垂胚珠2枚，花柱丝状，短于雄蕊，柱头2裂。果为蒴果，微扁，2室，室间开裂；种子扁平，有翅；子叶卵形，扁平；胚根向上。染色体基数X为23或22、24（图5-2）。

图5-2 丁香

2. 生长环境

丁香花喜充足阳光，也耐半阴。适应性较强，耐寒、耐旱、耐瘠薄，病虫害较少。以排水良好、疏松的中性土壤为宜，忌酸性土。忌积涝、湿热，一般不需要多浇水。丁香要求土壤肥沃、排水好的沙土。丁香花不喜欢大肥，不要施肥过多，否则影响开花。

3. 繁殖方法

（1）**用播种、扦插、嫁接、压条和分株法繁殖** 落叶后萌动前裸根移植，选土壤肥沃、排水良好的向阳处种植。移栽3~4年生的大苗，需强修剪，通常离地面30厘米处截干。每年注意灌水、施肥和修剪，春季可开出繁茂的花。

（2）**用种子繁殖** 从5~6年生留植株上于5~6月果产为紫红色时，及时采收，具随采随播，若不能及时播各，最好剥丁香掉果肉放入潮湿细沙或湿木糠中贮藏，以免干死。处理后的种子，最佳播种时间为8~9月。开沟点播，行距15厘米，粒距约5厘米，种子平放或直放，胚根朝下，播种后覆土1厘米，鲜果播后35~45天，处理后的种子播后10天左右出苗，苗长至4~5厘米，具两片幼叶时即可移植于苗床或移入营养袋里育苗，苗高6~10厘米，有4~6对真叶时移栽实植，移栽时需带土团。

4. 栽培技术

丁香生长速度比较快，需要隔1~2年更换更大的花盆。一是可以为丁香的根系提供更大的生长空间；二是消除旧土壤中积累的病菌，且提供新鲜营养，对丁香的生长极为有利。

每株丁香树可产干花蕾34千克。在夏末和冬初两次开花，以手工采摘并晒干。花蕾长1.3~1.9厘米，含香精油14%~20%，其主要成分为丁子香酚。

幼树可与木薯、香蕉间作或搭荫棚，并在株间栽种绿肥，干旱及时灌水，雨季开沟排水，适时追肥，培土。剪去主杆50~70厘米，下侧枝，分叉主杆。上部枝叶也可适当修剪。

5. 病虫防治

病害有褐斑病，主要为害叶片，可在发病前或发病初期用配比为1∶1∶100的波尔多液或50%的可湿性甲基托布津1000倍溶液喷射。

丁香另有煤烟病为害，虫害则主要为介壳虫。

（二）工具与材料

（1）做好丁香的留种、选种、育种、种苗等工作。

（2）选地整地，准备好地膜、农家肥、种苗等。

（3）准备好栽培中使用的锄头、铁锹、农家肥、水及水桶、秸秆、喷雾器等。

训练任务

（一）任务安排

分组，以学习小组进行丁香的播种、扦插、嫁接、压条和分株法繁殖以及种子繁殖方法、育苗移栽、肥水管理及病虫防治等。在实践操作过程中，组内讨论，组间交流，老师总结与评比。

（二）任务要求

（1）掌握丁香的播种、扦插、嫁接、压条和分株法繁殖以及种子繁殖方法及育苗移栽　提前熟悉相关知识。

（2）栽培管理　主要是掌握繁殖方法、移栽、肥水管理、病虫防治等。

（3）采收及初加工　重点把握采收时节和初加工方法。

思考与练习

（1）丁香的形态特征及药用功效有哪些？

（2）丁香如何进行繁殖？

（3）丁香丰产栽培管理措施主要有哪些？

（4）丁香主要有哪些病虫害？如何进行防治？

考核评价

金银花学习和实操任务考核评价内容和评分标准见表5-2（以小组为单位考核）。

表5-2　金银花学习和实操任务考核评价表

考核项目	内容	分值	得分
技能操作（50分）	了解当地丁香产业现状及意义	10	
	掌握丁香的繁殖方法和丰产栽培管理措施，以及病虫防治、采收和初加工	40	
学习成效（25分）	拓展作业	5	
	实习小结	5	
	物候期实习记录表	5	
	实习总结	5	
	小组总结	5	
思想素质（25分）	安全规范生产	5	
	纪律出勤	5	
	情感态度	5	
	团结协作	5	
	创新思维（主动发现问题、解决问题）	5	
合计		100	
评价人员签字	1. 任课教师：　　　　　　2. 实习指导教师： 3. 专业带头人：　　　　　4. 园区（企业或行业）技术员：		

备注：严禁采摘损坏园区财物及产品，如有损毁，视情节和态度扣除个人成绩20~40分，小组成员同时扣除安全生产及团结协作成绩，情节严重的将按照相关处理办法进行违纪处理。

参考文献

[1] 朱勇成，陈志荣. 川明参垄作栽培新模式［J］. 四川农业科技，2017（1）：29-30.

[2] 张良. 川明参规范化种植与加工关键技术研究示范［B］. 四川省巴中市恩阳区渔溪中药材农民专业合作社，2016-04-15.

[3] 谷俊芳，王会龙，李晓明. 栝楼种植的经济价值及病虫害防治［J］. 河北农业，2008（8）：29-30.

[4] 刘嫦娥. 瓜蒌种植技术［J］. 种子科技，2020，38（17）：63-64.

[5] 杨志龙. 瓜蒌不同种植栽培技术及病虫害防治探析［J］. 农业开发与装备，2019（5）：176-177.

[6] 吴美华. 瓜蒌规范化种植技术［J］. 江西农业，2018（24）：18.

[7] 王德甫，简应权，余艾洺. 贵州省丹参规范化种植技术［J］. 乡村科技，2020（16）：106-107.

[8] 黄晓慧. 丹参种植技术［J］. 西北园艺（综合），2019（3）：47-48.

[9] 张进强，周涛，肖承鸿，等. 白及生态种植模式与技术原理分析［J］. 中国中药杂志，2020，45（20）：5042-5047.

[10] 蒋成全，李黎，杨文. 简述中药白及规范化种植技术［J］. 南方农业，2020，14（2）：5-6.

[11] 林海胜. 藿香种植方法及其栽培技术分析［J］. 种子科技，2018，36（6）：62-63.

[12] 刘桂英，蒋学杰，于建清. 藿香种植方法［J］. 特种经济动植物，2011，14（5）：41.

[13] 杨荣金，周天生. 藿香的种植技术［N］. 广东科技报，2000-08-31（003）.

[14] 蔡金海，赵平丽，刘建锋. 银杏树种植技术及管理措施［J］. 现代农村科技，2018（2）：58-59.

[15] 周跃轮, 张洁, 丁现永. 银杏树种植及管理技术[J]. 现代农村科技, 2016（17）: 44.

[16] 天麻[J]. 北方园艺, 2021（8）: 139.

[17] 冀玉良, 王依依. 农药对桔梗种植土壤微生物功能的影响[J]. 商洛学院学报, 2018, 32（2）: 58-62.

[18] 刘伟, 李官平, 李坦东. 桔梗标准化种植技术[J]. 吉林农业, 2017（20）: 82.

[19] 王天舒, 严辉, 胡孔法, 等. 基于图像结构纹理信息的当归药材产地识别研究[J/OL]. 中国中药杂志: 1-10[2021-06-02]. https://doi.org/10.19540/j.cnki.cjcmm.20210523.106.

[20] 陈国平. 浅析当归规范化种植及主要病虫害防治技术[J]. 现代园艺, 2021, 44（6）: 30-31.

[21] 朱润云. 魔芋种植前景及关键措施分析[J]. 中国果菜, 2018, 38（9）: 50-52.

[22] 孔祥福. 魔芋种植技术与病害防治[J]. 广东蚕业, 2019, 53（2）: 14; 16.

[23] 曹华, 杜会军. 叶用枸杞栽培技术[J]. 北京农业, 2016（4）: 22-23.

[24] 王忠民. 叶用枸杞的种植技术[J]. 北京农业, 2009（4）: 19.

[25] 佟琳琳. 芍药的种植技术与实施要点研究[J]. 花卉, 2019（10）: 4-5.

[26] 唐永祝, 胡术明, 蒋学杰. 芍药标准化种植技术[J]. 特种经济动植物, 2013, 16（10）: 44-45.

[27] 叶方, 程镇, 杨光义, 等. 重楼植物的栽培技术研究进展[J]. 中南药学, 2015, 13（11）: 1186-1189.

[28] 杨显秋, 孙孝全. 重楼人工种植病虫害防治的重要性分析[J]. 南方农机, 2018, 49（14）: 80.

[29] 刘悦, 贾平, 杨利华, 唐红燕, 张建珠. 普洱市滇黄精不同种植模式病虫害发生与防治[J/OL]. 林业科技通讯: 1-4[2021-06-02]. https://doi.org/10.13456/j.cnki.lykt.2021.03.03.0006.

[30] 陈柳竹, 黎军发. 黄精及其人工栽培技术要点[J]. 现代园艺, 2019（19）: 81-82.

[31] 于小玉. 金银花管理及主要病虫害防治[J]. 河南农业, 2019（35）: 22-23.

[32] 张绪萍. 莒南县金银花虫害调查及防控措施[J]. 特种经济动植物, 2021, 24 (5): 35-36.

[33] 唐少东, 严兴康, 胡旭君, 等. 八月瓜特征特性及配套栽培技术[J]. 中国农技推广, 2018, 34 (11): 50-52.

[34] 饶宇, 孙光敏. 前胡高产栽培技术[J]. 农技服务, 2016, 33 (2): 49; 28.

[35] 田振华. 白花前胡主要病虫害及防治简报[J]. 中药材, 2003 (1): 5-6.

[36] 张和, 刘永红, 陈静, 等. 中药材半夏无公害病虫害防治技术[J]. 陕西农业科学, 2021, 67 (1): 98-101.

[37] 徐志强. 半夏栽培技术和田间管理[J]. 种子科技, 2018, 36 (12): 38-39.

[38] 王喜军. 中药鉴定学[M]. 北京: 人民卫生出版社, 2012.

[39] 张永清, 杜弢. 中药栽培养殖学[M]. 北京: 中国医药科技出版社, 2015.

[40] 吴启南, 朱华. 中药鉴定学[M]. 2版. 北京: 中国医药科技出版社, 2018.

[41] 严铸云, 郭庆梅. 药用植物学[M]. 北京: 中国医药出版社, 2015.

[42] 王建, 张冰. 临床中药学[M]. 北京: 人民卫生出版社, 2012.